新しい保育・幼児教育方法

第2版

広岡義之／猪田裕子

|編著|

ミネルヴァ書房

はじめに

　21世紀もすでに二十数年が経過しました。教育は確実に新しい時代へと突入し，さらに改革の速度が速まっています。幼児教育の領域においてもそのことは例外ではありません。近年の家庭の環境や社会の変化に対応して，幼児の発達や学びの連続性，家庭や地域の生活と幼稚園での生活の連続性を確保し，意図的・計画的に環境を整えることが教育者に求められています。

　2008（平成20）年には，「幼稚園教育要領」「小学校学習指導要領」「中学校学習指導要領」が公示され，具体的な変革が謳われています。また2017（平成29）年には，「保育所保育指針」「幼稚園教育要領」「幼保連携型認定こども園教育・保育要領」が同時改訂され，いっそう幼児教育の重要性が示されました。さらにここ数年は毎年のように，重要な教育改革が実施されている現状を私たちは容易に把握できます。まさに大変革の時代における教育改革のただなかで私たちが教育に携わっていることが明瞭になります。これから教育学を学び，保育士や幼稚園教諭を目指される学生のみなさんもまた，それぞれの立場でさまざまな教育的課題に立ち向かい，試行錯誤されていることでしょう。

　2006（平成18）年12月，60年ぶりに「教育基本法」が改正されました。昭和22年に教育基本法が施行されて以来，60年を経過する中で日本の教育水準も向上し，管理社会から開放型情報社会へと変化してきました。日本社会が成熟し豊かになるにつれて，子どもたちのモラルや学ぶ意欲の低下，さらには家庭や地域の教育力の低下も顕著になり始めました。そのような現状を変革する意味で，改正教育基本法第11条で「幼児期の教育」が新設され，「幼児期の教育は，生涯にわたる人格形成の基礎を培う重要なものであることにかんがみ，国及び地方公共団体は，幼児の健やかな成長に資する良好な環境の整備その他適当な方法によって，その振興に努めなければならない」という文言が追加されたのです。そしてそれを受ける形で，学校教育法が2007（平成19）年6月に改正され，従前は小学校から始まり，最後に「及び幼稚園」と表記されていた順序が，新学校教育法では「幼稚園，小学校，……」と学校の先頭に位置付けられるほ

ど，幼児教育の重要性が社会全体で再認識され始めました。

　こうした幼児教育の重要性が再認識される中で，大きな変化としては，幼児教育と小学校教育との円滑な接続を図るという課題（幼児教育が小学校教育の下請けにならないよう留意すること），体験と言葉を重視する等，子どもや社会の変化に対応した幼児教育を重視すること，幼稚園等（保育所・認定こども園を含む）と家庭の連続性を確立して，家族から愛される体験，愛されているという実感を持たせることが幼児教育の課題として浮かびあがっています。さらには学校教育法の改正の趣旨を踏まえて，子育て支援と預かり保育を実践すること等，課題はまだまだ山積しています。

　こうした状況の中で，私たちは幼児の教育方法論についてこれから概説的に学んでいこうとしています。子どもと保育者が共に生かされる幼児教育方法論を探求している『幼児教育方法史研究』（風間書房，1998）の著者である田中まさ子氏の言葉を借りれば，「現代の幼児教育が，子どもの主体性・創造性を尊重する立場にあることは周知である。しかし，その教育方法論は確立されたとは言い難く，模索の途上にある」とのことです。その意味で，本書は入門書ではありますが，さまざまな幼児教育方法に関する問いかけが随所で展開されていますので，各人が主体的にその諸課題と取り組んでほしいと願っています。

　本書の執筆陣はすべて，第一線の幼児教育や学校教育の分野で活躍されている研究者や保育・教育実践者であることも申し添えておきたいと思います。また本書の刊行にかんして，ミネルヴァ書房社長の杉田啓三氏と編集部の深井大輔氏からいつも温かいご配慮をいただき，衷心より感謝いたします。出版事情の厳しい折にもかかわらず，本書企画を積極的に受け入れていただいたことに対して，この場を借りてあらためて御礼を申し上げます。現代における教育状況を一瞥するならば，今後の教育学研究の課題も多く，執筆者たちはさらなる自己研鑽に取り組むつもりです。顧みてなお意に満たない箇所も多々気づくのですが，これを機会に十分な反省を踏まえつつ，大方のご批判，ご叱正，ご教示を賜り，さらにこの方面でのいっそうの精進に努める所存です。

　　2022（令和4）年11月

　　　　　　　　　　　編者　広岡　義之／猪田　裕子

目　次

はじめに

第1章

西洋および日本の幼児教育思想の歴史

21世紀を迎えた現代社会にあって，ますます幼児教育はその役割を高める
ことになるが，その際に幼児教育の考え方の基礎的な指標を与えることは重
要な学問的作業となる。幼児教育の方法・技術論を初めて学ぶ受講生の状況
を踏まえて，幼児教育思想の基盤的な視座を提供するという観点からこの章
においては，西洋の幼児教育の思想と歴史および日本の幼児教育の思想と歴
史に関する基本的事項について説明する。

1 西洋の幼児教育の思想と歴史

　西洋において，近代的な幼児教育施設が普及し一般化したのは18世紀末から
19世紀前半のことであるが，それ以前に，幼児教育やその施設の必要性を唱え
た先駆的な教育思想家たちが存在していた。本節ではそのような幼児教育の思
想と歴史の流れを概観してゆくことにする。

（1）西洋における人文主義時代の幼児教育思想

　中世から近世にかけては，西洋ではルネサンス（文芸復興）の影響もあって，
子どもたちも教育を受ける機会が増えてきた。しかし彼らは大人と同様の扱い
を受けたために，騒げば鞭や棒でたたき教えられることもしばしば行われた。
一方，貴族の子どもたちもラテン語を無理やりに教授され，教師中心の厳しい
教育態勢が続いた。こうした状況を批判したのがオランダの人文主義者，エラ
スムス（Desiderius Erasmus：1466頃-1536）であった。彼は子どもの発達に応じ
た教育を実践すれば，幼児期からの教育も可能であると考えた（安齊，2003）。

（2）啓蒙時代の幼児教育思想

① コメニウス (Johann Amos Comenius：1592-1670, チェコスロバキア)

　エラスムスが主張した，子どもを尊重するという人文主義の幼児教育思想は，近代教育方法学の開拓者であるコメニウスにも広い意味で継承されてゆく。コメニウスは「母親学校」つまり家庭における幼児期の家庭教育の重要性をとりわけ強調した。「母親学校」とは，0歳から6歳までの子どもが「母親のひざ元」で，母とともに行う基本学習のことである。そしてその「母親学校」での教育を援助するためにコメニウスは，父母や乳母のために幼児教育の指導書としての『大教授学』(1657) と，世界で初めての挿絵を導入した『世界図絵』(1658) を執筆した。『大教授学』では，人間形成の要ともいうべき教養，知識，徳性，宗教性の基礎は，幼児期に涵養されるべきであると記されている（金沢，1984および戸江，2005）。

　またコメニウスは子どもの宗教性について，語るべき時と沈黙すべき時をわきまえて，嘘をつかず，自制の心を学ぶならば，子どもは堕落しないと考えた。また謙遜な態度で挨拶し，感謝の言葉が言えるようになり，貧しい人々に施しができるようになれば，愛の徳が体現されるようになる。神に近づくことを教育の最終目的としたコメニウスは，幼児が常に神の前にあって生きるという習慣を養うことを願って『大教授学』を執筆した（平野，2007）。

　コメニウスは貴賎貧富の別なく進学できる単線型の学校体系を提唱し，「母親学校→国語学校→ラテン語学校→大学」という教育制度を構築した。またコメニウスは，「母親学校指針」(1633) の中で，幼児期は母親の配慮のもとに育

てられるほうがよいと主張し，幼児教育は家庭教育であるべきだと確信していた。「生徒にとって実際に役立つものを教えよ。学習に失敗しても，体罰を用いるな」等，今日の幼児教育においても通用し，継承すべき提言が数多く散りばめられている（中谷，2003）。

　コメニウスは，教育史上，最も影響のある著作の一つ『世界図絵』という世界で初めての挿絵入りの教科書を作成した。この『世界図絵』は，聖書についで長

▶コメニウス

い間ヨーロッパに広められたものである。これは大きな絵入り読本であり，これにより子どもたちに，言葉と事物とを平行して同時に教授することができた。たとえば，靴屋が一つひとつ示された道具類の助けによって，革から靴やスリッパなどを完成するという仕組みが子どもにも一目瞭然に理解できるようになっている。しかしながら『世界図絵』の本当の偉大さは，単に子どもたちに個々の知識を与えるのではなく，子どもに秩序ある世界像を与えることにあった。それゆえこの本は，すべてのものの絶対的な始まりとして「神」の図表が最初に置かれ，次に「世界」の図が続き，さらに神の創造の順序にしたがって，鉱物，植物，動物の世界が現れ，最後に人間が登場する（広岡，2007）。

② ルソー（Jean-Jacques Rousseau：1712 – 1778，フランス）

　ルソーは，啓蒙思想が全盛期の18世紀にフランスで活躍した社会思想家である。スイスのジュネーブで，市民階級の時計職人の息子として生まれたが，誕生後すぐに母を亡くし，父もルソーが10歳のときに別れてしまう。13歳で徒弟奉公に出されたため，正規の教育を受けずに独学で育つこととなる。

　1750年に『学問芸術論』を発表して，思想界で一躍，注目を浴びることとなる。1762年に刊行した『社会契約論』と『エミール』は彼の主著となる。それぞれ，社会改革と個人主義教育を主題としている（塩見，2021）。

　ルソーは「性善説」の立場から，合自然的な自然主義教育を主張した。道徳的判断の性急な教え込みを避けて，感覚的教育を優先した。そのためルソーの教育論は「消極教育」と呼称された。ルソーは，子どもには大人と異なる成熟のしかたがあるとして，子どもの年齢段階に応じた成長課題を設定した。さらに，子どもの権利を強調したので，彼は「子どもの発見者」とも言われている。ルソー以前の子ども観では，子どもは「小さな大人」とみなされていた。「小さい」という大きさ（量）の違いに還元される以外には，大人と子どもの違いは認められなかったのである（山本，2020）。

▶ルソー

ルソーは，教育的主著『エミール』冒頭で次のように述べている。「万物を
つくる者の手をはなれるときすべてはよいものであるが，人間の手にうつると
すべてが悪くなる」と。これをわかりやすく解釈すれば，本来善である子ども
を救うためには，先見の明をもってして，生まれ出てくる若木が，世間や他者
の雑多な意見に振り回されることなく，その子どもの生育を見守ることが肝要
であるという意味である（金沢，1984）。

　本来，善であるはずの子どもが，親や教師や大人たちの過剰で過保護な教育
の手にかかってしまうと，悪く育てられてしまう。逆にルソーが求めたものは，
子どもの自然あるいは本性を歪めることなく伸びやかに形成するために教育は
どうあるべきか，ということであった（平野，2007）。

　人為的で過保護な教育が，自然本性や事物によるおのずからなる教育に対し
て不当に先行した場合に，具体的にどのような弊害が生じるのであろうか。ル
ソーによれば，子どもが初めて歩き始める練習をするとき，親はわが子の歩行
を手伝ってはならないという。なぜなら，もし過保護に歩行に干渉すると，本
来子どもが保有している「内なる自然」としての子どもの筋肉や反射神経の育
成を阻止することになるからである（同上）。

　幼い子どもにとって，転倒による痛みやけがもまた貴重な経験となる。「子
どもがころんだり，頭にこぶをこしらえたり，鼻血をだしたり，指を切ったり
しても，わたしはあわてて子どものそばにかけよるようなことはしないで，少
なくともしばらくのあいだは，落ち着いて体を動かさない」とルソーは述べる
（ルソー，1962）。もし子どもの傍に駆け寄ってしまうと，子どもは大変なこと
が起こったと思い，恐怖心にかられて泣き出してしまうからである。こうした
状況で，養育者や大人は平然と構えて対処するならば，子どもは平静を取り
戻すという。いったん，子どもが軽い苦痛をがまんできるようになると，しだ
いに大きな苦しみにも忍耐する力が養われていく。子ども自身がもっている自
然の力，自然に育つ力があることを養育者は認識し，子どもたちにそうした自
然を通して育つ機会を提供することが重要であると，ルソーは考えた（平野，
2007）。

　さらにルソーは，体育や音楽の重要性を深く理解していた。子どもを強く鍛

えることで，子どもを悪徳から守ることができると考えた。また音楽は子どもにとって楽しいものにならなければならないとし，子どもの年齢にふさわしい興味をもてる単純な歌を作ってやることが大切だとした。ちなみに，「むすんで開いて」はルソーの作であると伝えられている（金沢，1984；平野，2007）。

③　ペスタロッチ（Johann Heinrich Pestalozzi：1746-1827，スイス）

　ルソーの幼児教育思想を受け継ぎ，「近代教育学の父」あるいは「教聖」と呼ばれたペスタロッチの存在は，現代教育学にも強い影響力をいまだに与えている。チューリッヒで生まれたペスタロッチは，18世紀から19世紀にかけて活動した代表的な教育者であり，彼の存在はその教育思想にとどまらず，彼の献身的な教育実践は世界に大きな影響を与えた。

　長男ヤコブの誕生に直面して，ペスタロッチは自己の無力を嘆き，自己の腕の中に与えられた一個の生命に対する己の態度がいかに重大で厳粛なものであるかにおののいた。その際に極めて参考となったのが，若い日に耽読した『エミール』であり，ペスタロッチはルソーの『エミール』のようにわが子を教育しようと試みた。わが子の教育の現実に直面して「母の愛」を想起し，ここに教育者としてのペスタロッチが誕生しその真の生涯が始まった（三井，1981）。

　ペスタロッチは，『幼児教育の書簡』（1827）の中で，母親の愛情が充満した家庭生活を中心とした幼児教育が最も重要であると唱えている。母親が献身的愛情で子どもを育てることこそが「道徳的人間」の教育にとって必要不可欠で

▶ペスタロッチ　　　　　　　　▶ペスタロッチの息子ヤコブのベッド（筆者撮影）

あると考えた。子どもが騒いだりするのは，母親や教師の責任であり，子どもが興味をもって取り組むことのできる方法を考えるべきであると指摘している（安齊，2003）。

　このように，『幼児教育の書簡』の中で，母性愛を介した家庭教育こそが最重要であるとペスタロッチは考えた。歴史的・社会的時代背景には，従来の農村生活や徒弟制度が崩壊の危機に瀕するという厳しい現実が存在していた。そういう状況の中で，貧困児や孤児たちの教育をどのようにするのかをペスタロッチは絶えず考えた。その結果として，彼らに温かい家庭的雰囲気を与えることが大切なことであるとの結論に至った（戸江，2005）。

（3）幼児教育施設の設立と幼児教育思想

① フレーベル（Friedrich Wilhelm August Fröbel：1782-1852，ドイツ）

　幼稚園（Kindergarten）の創始者といわれるフレーベルは，1782年にドイツのチューリンゲン地方で生まれた。イエナ大学入学後，学費が払えずに退学し，職を転々としながらも，ペスタロッチの薫陶を受けた師範学校長グルーナーとめぐり合い，教育者として再起をはかることができた。フレーベルは幸いなことにペスタロッチのもとで学びをする機会を与えられ，「遊び」が幼児期の最高の段階であり，内なるものの自由な表現であり，全人間的生活の典型であると確信した。古来，「遊び」の教育的意味の重要性を説いた教育家は多数存在したが，フレーベルほど，子どもの全生活の中核に「遊び」を位置づけた人はいなかっただろう。フレーベルは，子どもの自己活動は神性の自己表現であるという信念をもっており，それゆえ，教育の任務は子どもの内なる創造的自己活動を発揮させることであるとの結論に達したのである（金沢，1984；泉，2005）。

　フレーベルの幼児教育における最大の貢献は，遊具の一種である「恩物」（Gabe：神からの賜物）を自ら制作し，遊具による遊びを通じて，学習方法を開発したことにある。そしてこの遊具施設および作業施設が，世界で初めての「幼稚園」の創設へと結実してゆく。小さなボールから始まり，円柱，立方体そして自由自在に形成できる素材を与えられた子どもは積み木遊びをしながら，

▶フレーベル

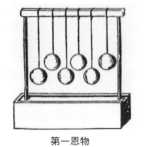

第一恩物

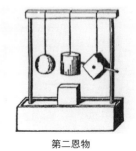

第二恩物

▶恩　物

　形成衝動を満足させ，数の認識や事物の知識へ導かれ，さらには球体の法則に
みられる宗教的認識にまで学習できるように考案されていた。この遊具は，その
後，アメリカのヒル（P. S. Hill）によって「ヒルの積み木」として改良され，
幼児の等身大の大きさに拡大されたものが普及し，現在では世界各国の幼稚園
で使用されている。また『人間の教育』(1826) における幼児教育論の教育目
的の核心として，人間と自然はともに神から生まれ，神の制約を受けつつ，神
に安らう存在であることを人間に意識化させることであるとした。『人間の教
育』は，「万物の内には，一つの永遠の法則が宿っており，働いており，そし
て支配している」という言葉で始まる。人間に提示される神的作用は善である
から，教育方法としては命令的・干渉的ではなく，どこまでも受動的・追随的
でなければならないとする。また母と子どもの間の微笑みや安らぎは，その後
の父，兄弟姉妹，ひいては絶対者との一体感をもたらす。フレーベルは，家庭
に影響力を与え，そのことによって母親に自分の子どもを正しく養育し，子ど
もを上手に教育することを伝えることに努力した（吉岡，2009；泉，2005）。

② **オーエン**（Robert Owen：1771 – 1858，イギリス）
　18世紀後半に始まった産業革命は，資本主義の発達により社会の底辺で生活
する一般民衆や子どもたちにさまざまな不幸をもたらした。人口が都市へ集中
し，労働者と失業者が町にあふれだし，婦人や子どもたちまで長時間労働に酷
使されるようになった。一日16時間も労働しなければならない母親は，とうて
い自らの幼児を養育することはできず，その結果として，幼児たちは犯罪と病

▶オーエン

気の蔓延する貧民街に置き去りにされることになる。家庭の機能は崩壊し，家庭教育の権威は喪失するという社会状況の中で，1771年オーエンはイギリスで生まれた。19歳で独立した工場経営主になり，20歳ではすでに工具500人の支配人になっていた。1800年にはニューラナークに進出して，一つの理想郷を建設しようと試みた。オーエンは，ニューラナークにおいて6歳から10歳までの子どものための教育と，工場で働く11歳から20歳までの青少年のための夜間教育を開始することによって，子どもをめぐる教育環境を改善した。オーエンは，10年以上の工場経営者としての実績と経験を通して，産業革命がもたらした社会悪を改善するために，1813年には『新社会観』を出版して世の中に問う試みを行い，やがて「工場法の父」と呼ばれるまでになった。この著書とニューラナークの工場は一躍有名になり，1816年に「性格形成学院」と名付けられた学校が工場村の中央に設立されることになった。しかし1824年に共同出資者と教育方針をめぐって亀裂が入り，息子に工場を譲り，自らは社会主義の理想郷実現のためにアメリカに渡ったため，彼は「空想的社会主義者」と後年，呼ばれることとなる（金沢，1984；泉，2005）。

　1840年に世界で最初に幼稚園を設立したフレーベルよりも時代的には先立って，オーエンは就学前の子どもたちのための学校「性格形成学院」を1816年に開設したことになる。このニューラナークの紡績工場は2001年には世界遺産に登録されている貴重な文化財でもある。オーエンは過酷な児童労働を緩和するために，工場法の制定にも力を尽くした。1819年の工場法はその成果である。環境が人間の性格に大きく影響するという彼の考え方は「性格は環境によって形成される」という有名な言葉を生みだした（広岡，2007）。

（4）欧米の近・現代の幼児教育思想
① エレン・ケイ（Ellen Key：1849－1926，スウェーデン）

　現代教育の特質は，子どもの自主性を尊重し，伸びやかな発達を期待する点にあるという。20世紀を「児童の世紀」と位置づけたエレン・ケイは，子ども

に畏敬の念をいだいたスウェーデンの女性思想家である。
1900年に『児童の世紀』を著したケイは20世紀新教育運
動のさきがけとなり，ルソーの消極教育を徹底させた。
ケイの「教育の秘訣は教育しないことにある」は有名な
言葉である（広岡，2007）。

▶ケイ

　ケイは，『児童の世紀』において，当時の教師中心の
学校教育を批判して，子どもの自由な自己活動による学
習を強調した。子どもは自分で自分を作り上げてゆくと，
ケイは子どもの発達について確信していた。入学当初，子どもたちは，旺盛な
探究心と自発活動力と観察力をもっている。それゆえ学校は，広い校地に，大
きな庭園，大広間と工作室・実験室を用意すればよく，従来の旧式な教室は不
要であるとケイは言いきっている。学年別も性別も設定しない，自由な個別的
自己学習を中心に進めるべきだと考えた。ケイのこの考え方を，ルソーの自然
主義教育，自由主義教育の復活とみて，一般にケイは「新ルソー主義者」と呼
ばれている（教師養成研究会，1981）。

② **デューイ**（John Dewey：1859 – 1952，アメリカ）

　児童の生活感情に根差した教育のあり方を追究していたデューイは，幼稚園
のあるべき姿について明快な見解を提示している。デューイにとって重要なこ
とは，幼稚園と小学校との間に一定の相互作用を形成することであった。元来，
幼稚園の基本構想には，フレーベルの主張した母親と子どもの遊戯等の概念が
中核にあった。こうした広い意味でデューイの幼児教育論
は，フレーベルの批判的継承ともいえよう。デューイは第
一にフレーベルの「開発主義」を批判する。フレーベルは
子どもの内に内在する神的統一物を実現し開発することを
めざし，子どもの本源的自然は善であると主張したが，
デューイは，子どもの自然は善でも悪でもなく，単に成
長の能力にすぎないと捉えた。第二に，デューイはフレー
ベルの「象徴主義」を批判する。フレーベルは子どもの神

▶デューイ

性を確信してその開発を考え，絶対の象徴としての「恩物」を考案したこと自体はデューイも評価している。しかし，遊びは元来，子どもの心理的態度であるから，恩物・遊戯・作業という既成の組み合わせに従うことにデューイは批判的であり，むしろ，それらからの解放を強く主張した（金沢，1984；泉，2005）。

　1896年にシカゴ大学付属実験学校を設立したデューイが，フレーベルの思想を批判的に継承したことは先に述べたとおりである。たとえば『学校と社会』(1899) の有名な文言「子どもが太陽となり，その周囲を教育のさまざまな装置が回転することになる」という教育のコペルニクス的展開は，子どもの経験を中心とする教育として時代を先取りするものであった。さらに現代の幼児教育の実践分野において，保育所・幼稚園・学校に残したものは，いわゆる「作業」と呼ばれる庭園・菜園や動物の世話である。デューイは，子どもの本来の活力を発揮させるための最も自然な方法が，実際的な作業であり，農場や庭園での作業や飼育が最適であると考えた（吉岡，2009）。

③　シュプランガー（Eduard Spranger：1882–1963，ドイツ）
　哲学者であり，教育学者であるシュプランガーは，文化教育学の発展に尽くし，実存哲学に至る思想を受け入れ，主著に『文化と教育』(1919)，『生の諸形式』(1921) や『青年心理学』(1924) などがある。ここで，文化教育学とは，特にシュプランガーやリットに代表される教育学の呼称で，客観的文化の主観化を主張し，学問と生活における文化と教育の関連をめざしている（広岡，2007）。

▶シュプランガー

　シュプランガーは幼児教育について，特に女性こそは生まれながらの教育者の資質を備えた存在という見方をとっている。それは「女性」の本質的特徴であり，その第一のものをシュプランガーは「愛」と捉えた。女性は生の源泉に近く立つために，すべての生ある者に対して，本源的な親近感をもつことができる。また女性は，些細なものでも，等しく自

己のように助成することができる存在であるという。したがって生を覚醒させ
ることは，女性のもっとも固有な仕事となるとシュプランガーは考えた。「女
性」の本質的特徴の第二は，「美的感覚」を保持しているということである。
一般に女性は色彩，音，香り等に，生き生きとした関係をもっている。女性は
根源的な内的形式，心の調和，情念のリズムが常に優位を占めているために，
これらの女性の特質は，幼い子どもを理解するうえできわめて重要なものとな
る（金沢，1984）。

④　マリア・モンテッソーリ（Maria Montessori：1870-1952，イタリア）

　モンテッソーリの教育で重要な視点は，「覚醒への呼びかけ」である。幼児
の発達は，しばしば爆発的で非連続的である。たとえば，第1歯が生えると続
いて続々と他の歯も生え始め，またある日突然言葉を口にすると，続いてしゃ
べり始める。またある日，歩き始めると，間もなく駆けるようになるという具
合である。モンテッソーリは，こうした幼児の事象を教育における覚醒の問題
と把捉した。そこから教育者が子どもに対して行うべき第一のことは，子ども
に対するなんらかの意味での覚醒への呼びかけである，とモンテッソーリは考
えた。それゆえ教師の主な仕事は，子どもの内面的生活に対して覚醒への呼び
かけをしなければならない点にある（平野，2007）。

　ボルノーはモンテッソーリの幼児教育実践を以下のように興味深く紹介して
いる。子どもの「内的集中」や，それと関連した「より深い生活」の出現が，
幼い子どもにも生じることをモンテッソーリは彼女の教育実践を通じて証明し
ようと試みた。幼児が自らの「練習」に我を忘れて没頭し
遂行する行為について，モンテッソーリは以下のように報
告している。一人の幼い女の子は，木製の円柱を正しい穴
にはめ込む行為を44回も繰り返し，周囲の騒ぎに乱される
ことなく集中し，しかも幸福そうにその行為を遂行してい
たと報告している。ここでモンテッソーリにとって最も関
心のあることは，子どもが獲得された技能で何を始めるか
ではなく，集中された「練習」を経験することを通して得

▶モンテッソーリ

られた子どもの「根本的な変化」であった。モンテッソーリによれば，注意深く集中した作業を経験した子どもは，よりいっそう落ち着きが増し，話し好きになり，まるで宗教的な「回心」のような現象を想起させると報告している。モンテッソーリによれば，練習をとおして獲得された注意深さと集中を経て，幼児は自分自身が生き始めることを実感するという（ボルノー，2009）。

⑤ **ボルノー**（Otto Friedrich Bollnow：1903－1991，ドイツ）

　ボルノーの庇護性概念に従えば，子どもが健康な発達を遂げるためには，子どもにこの世界の中で「安らぎ」と「庇護」されている実感が重要である。その際，子どもはとりわけ母親という特定の人間から与えられる保護と愛の中で，母親への絶対的な信頼が，健全な成長にとって大切な要素となる。母親への信頼は，子どもの成長とともにいつかは絶対性を失わざるをえないものの，しかし幼いときに「安らぎ」と「庇護」されている実感をもち得なかった人間は，不幸や絶望の彼方に希望の世界を求める態度は生じえない。子どもを保護する家庭には，一般的に信頼され安定感を与える者から放射される感情が充満しているという。こうした雰囲気の中でのみ，子どもは正しく発達を遂げ，また逆に世界は子どもに対して意味を帯びた世界秩序を開示してくれる。しかし反対に，先の「安らぎ」と「庇護」されている実感が欠如する場合，世界は子どもに脅迫的に迫ってくるし，そこで子どもは人生への意志を失い，希望することなく委縮してしまう（ボルノー，1980）。

▶ボルノー夫妻（筆者撮影）

2　近代以降の日本における幼児教育の思想と歴史

（1）明治期における幼児教育の歴史

　江戸幕府の終焉とともに，明治時代が開始されると，1872（明治5）年に学制が公布され，幼児の教育機関である「幼稚小学」が規定された。1875（明治8）年には京都の龍正寺に「幼稚院」という保育施設が設けられ，これが日本における幼稚園の原型にあたると言われている。正式の幼稚園としては，1876（明治9）年に，文部省が「東京女子師範学校附属幼稚園」（現在のお茶の水女子大学附属幼稚園）を開設した。同幼稚園が日本の後の幼稚園のモデルとなり各地域に展開してゆくことになり，そこで「恩物」（7ページ参照）中心の保育が行われた（安齊，2003）。

（2）大正期から昭和初期における幼児教育の歴史

　明治中期に入ると，アメリカでは幼稚園教育の改革がさかんになり，その影響は日本にも伝播することとなる。進歩主義的な幼児教育論がコロンビア大学やシカゴ大学でヒル女史らを中心に展開され，幼児の自発的で自由な遊びが評価されるようになる。こうした児童中心主義は大正期の日本にも伝わり，従来のフレーベル主義に取って代わることとなり，中村五六・和田実の『幼児教育法』で紹介されるようになった。また大正期から昭和期の幼稚園教育の理論構築に貢献したのは，先のアメリカの新教育運動に強い刺激を受けた，和田実，倉橋惣三，森川正雄らであった（小泉，2009）。

（3）太平洋戦争中の影響と幼児教育

　戦時下では，大半の幼稚園は戦時色を反映した保育内容にならざるをえなかった。また幼稚園も戦時託児所に転換させられ，地方の県では大都市の子どもたちを空襲から守るために，「疎開保育」が実施され，その数は終戦直前には，幼稚園の数よりも多くなっていた（小泉，2009）。

（4）戦後日本における幼児教育の歴史

　太平洋戦争によって，日本の子どもたちにもさまざまな試練が与えられることになった。ここでは第一に，戦争前後の混乱期に幼児教育の現場に携わった日本の幼児教育界の代表的人物である倉橋惣三の保育理論を取り上げ，次いで，戦後の「保育要領」と「幼稚園教育要領」に即しつつ，戦後の教育行政について概観してゆくこととする。

① **倉橋惣三**（くらはし・そうぞう：1882 - 1955）

　近代日本の幼児教育を語るときに忘れてならない人物が倉橋惣三である。彼は1906（明治39）年に東京大学で児童心理学や幼児教育学を研究し，1910（明治43）年東京女子高等師範学校（現在のお茶の水女子大学）講師となる。機関紙「幼児の教育」編集や，東京女子高等師範学校附属幼稚園主事として活躍した。戦後は日本保育学会長になり，戦後の幼児教育に貢献する。日本の代表的な幼児教育の研究家・実践家として1955（昭和30）年，72歳の生涯を閉じた。倉橋惣三は一高在学中に，日本の代表的キリスト者である内村鑑三に師事し，聖書の人間理解に眼を開かれ，それを幼児教育の基盤としてゆく（下山田，1984）。

　倉橋は子どもの興味関心に基づいて，保育内容を決定するべきであると考えた。子どもの欲求が満たされるような環境を整えて，その中で子どもが積極的に自由に遊べることが大切であると主張した。その意味でいえば，倉橋以前の幼児教育は，フレーベルの教育原理を無批判に受容しただけであり，ようやく倉橋が，その点を批判的に乗り越えて，日本独自の保育理論と実践が展開されていくことになる（安齊，2003）。

　1934（昭和9）年，『幼稚園保育法真諦』の執筆によって，倉橋の保育論は完成する。そこで彼は「誘導保育論」を展開するが，これを要約的に説明すれば次のようになる。幼児の生活は，刹那的，断片的なために，幼児の生活を系統立てることができれば，幼児の興味はますます広く深くなる。そこで保育者は，ある程度，計画を立てて「誘導」することも必要となるが，幼児の生活が中心であることに変わりはない（安，1996）。

② 戦後における「保育要領」と「幼稚園教育要領」の変遷と特徴

　ここからは戦後の保育行政における保育観の変遷をたどることにより，今日の保育の課題を浮き彫りにしてみたい。戦後の産業構造の大規模な変化，家庭や地域社会が激変することにより，乳幼児の教育が社会問題となり，幼稚園や保育所の存在そのものが根底から問いなおされるようになった。1947（昭和22）年11月にはすべての子どもの健全な成長・発達を保障するという「児童福祉法」が制定され，戦前の託児所は，「保育所」と改称された（戸江，2005）。

　1947（昭和22）年に文部省から提示された「保育要領――幼児教育の手びき」は，戦後の幼児教育の理念を体現している。これは戦後，連合軍総司令部民間情報教育部のヘレン・ヘファナン（H. Heffernan）の指導のもとに，倉橋惣三が中心となって1年間をかけて作成したものであり，戦後，倉橋が再び保育界に活躍をする契機となった。倉橋の保育理論は，戦後日本の「保育要領」に継承されていくことになる。1951（昭和26）年には平和条約が締結され，戦後教育の再検討が行われ，文部省は「保育要領」を改訂した。その「保育要領」は当初，保育の手引書という試案であったが，1956（昭和31）年には「幼稚園教育要領」へと変わり，これには国の示す最低基準という性格が付与された。児童福祉施設である保育所にも，厚生省が作成した「保育所指針」が1965（昭和40）年に出され，幼稚園は文部省が，保育所は厚生省が管轄する，というまったく異なった系列下での行政指導を受けることとなる（下山田，1984；安，1996）。

　保母養成の動向については，1963（昭和38）年，幼稚園と保育所の関係が活発に議論された。文部省と厚生省の共同通知「幼稚園と保育所との関係について」が発表された。1984（昭和59）年に，「臨時教育審議会」いわゆる「臨教審」の答申を受けて，1988（昭和63）年には「教育職員免許法等の一部を改正する法律」が成立し，専修・一種・二種の三種類の免許になった。1989（平成元）年には「幼稚園教育要領」が改訂，1990（平成2）年には「保育所保育指針」の改訂が行われた（小泉，2009）。

　昭和30年代から40年代は，「国民所得倍増計画」によって，いわゆる高度経済成長政策が推進された時代である。それと関連して女性労働者も積極的に社

会に進出することになり，保育問題は社会問題となって浮上してきた。そこで子どもの権利保障の立場に沿った保育所設置要求の機運が急速に高まってきた。しかし1961（昭和36）年には政府は「入所措置規準」を示し，また1963（昭和38）年には「母親よ，家庭に帰れ」等のスローガンで家庭対策を強化して，保育所設置抑制の動きが一時期みられた。しかしながら，政治的には革新の波が押し寄せ，昭和40年代には保育所増設政策へと舵が切られていくことになった。1971（昭和46）年の時点で，園数は1万4,840園（公立9,170園，私立5,670園）だったが，待機児童はなお30万人に及んだ。1973（昭和48）年には石油ショックのために財政危機を理由に，福祉政策の抑制に傾き，措置費国庫負担は急激に削減された（川原，2005）。

1956（昭和31）年の「幼稚園教育要領」は，実質的には1948（昭和23）年の「保育要領」が改訂されたものである。そこで改訂の要点は，小学校との一貫性をもたせること，幼稚園教育の目標を具体化すること，指導上の留意点を明確に示すことの3点であった。「領域」という考え方を基盤に，教育課程や保育内容に関する国家的な基準がここで示された。その8年後の1964（昭和39）年には，新しい「幼稚園教育要領」が出された。1963（昭和38）年9月の教育課程審議会の答申「幼稚園教育課程の改善について」を受けて以下の改善が行われた。すなわち，

1　幼稚園教育の意義と独自性を明確にする。
2　目標，内容を精選する。
3　家庭教育と密接な関連性をもたせる。
4　教育日数は220日以上が望ましい。
5　教育課程の基準を明確に公示すること。

の5点であった。ここでは「ねらい」が健康，社会，自然，言語，音楽リズム，絵画製作の6つの領域に区分されている。

厚生省は，1965（昭和40）年に「保育所保育指針」を通知し，保育の内容や方法について明示した。そこでは保育所の機能を，養護と教育の一体的な営みとして捉え，3歳児以上については「幼稚園教育要領」に準じた保育内容が定

められた。1980（昭和55）年以降は，乳幼児を取り巻く社会的環境が激変し，都市型社会の拡大とともに，子どもにとっての遊び場が減少し，遊び友達も減る傾向が生じた（戸江，2005）。

③　平成時代における「幼稚園教育要領」等の変遷と特徴

⑴　1989（平成元）年の幼稚園教育要領

　上述のような社会変動の最中で，1989（平成元）年には幼稚園教育要領が，翌年には，保育所保育指針がそれぞれ25年ぶりに改訂された。幼稚園から高等学校までの一貫した視点で検討されたのはこの改訂で初めてのことだった。改善点は以下のとおりである。

　　① 幼児の主体的な活動を促し幼児期にふさわしい生活が展開されること，幼児一人ひとりの特性に応じて発達の課題に即した指導を行う。

　　② 領域の編成についての改善では，幼児の発達の側面から，健康，人間関係，環境，言葉，表現の五つの領域で編成することとした。

　このような改善点を通して，子どもが自発的に生活や遊びを深めることができることをねらいとした。

⑵　1998（平成10）年の幼稚園教育要領

　1998（平成10）年の幼稚園教育要領は，同年7月の教育課程審議会の答申「幼稚園，小学校，中学校及び高等学校，聾学校及び養護学校の教育課程の基準の改善について」を受けて，完全学校週5日制のもとで，ゆとりある生活の中で生きる力を育む観点から，以下のような改善が行われた。

　　①「遊び」を中心とした生活を通した指導は引き続き発展させる。

　　② 生きる力の基礎を培うために「ねらい」及び「内容」を改善する。

　　　ア　幼児期にふさわしい道徳性指導の充実。

　　　イ　自然体験，社会体験等の具体的生活体験。

　また1999（平成11）年改訂の「保育所保育指針」においては，多様な保育ニーズへの対応や子育て支援を今後の重要課題として提起し，保育の機能を拡大しようと試みた（戸江，2005）。

⑶ 2008（平成20）年の幼稚園教育要領

　2008（平成20）年に改訂された幼稚園教育要領は，同年１月の「幼稚園，小学校，中学校，高等学校及び特別支援学校の学習指導要領等の改善について」の答申を踏まえて公示された。今回の改訂は，約60年ぶりの教育基本法の改正，さらには幼児期の教育が同法律に規定されることを踏まえて，生きる力の基礎を育成すること，豊かな心と健やかな体を育成することをねらいとして行われた。改訂の基本方針としては以下に示された内容になっている。

　　　・幼稚園教育について，近年の子どもたちの育ちの変化や社会の変化に対応して，発達や学びの連続性及び幼稚園での生活と家庭などでの生活の連続性を確保し，計画的に環境を構成することを通じて，幼児の健やかな成長を促す。

　　　・子育ての支援と教育課程に係る教育時間の終了後等に行う教育活動については，その活動の内容や意義を明確化する。また教育課程に係る教育時間の終了後等に行う教育活動については，幼稚園における教育活動として適切な活動となるようにする。　　　　　　　　　　　（『幼稚園教育要領解説』）

　また子育ての支援として，幼稚園は，幼児の家庭や地域での生活を含めた生活全体を豊かにし，健やかな成長を確保してゆくために，地域の実態や保護者及び地域の人々の要請等を踏まえて，地域における幼児期の教育センターとしてその施設や機能を開放し，子育ての支援に努めてゆく必要があるだろう。なぜなら，近年，都市化，核家族化，少子化，情報化等の社会状況が変化する中で，子どもにどのようにかかわっていけばよいかということで悩んだり，孤立感を募らせる保護者が増加しているからである（『幼稚園教育要領解説』）。

⑷ 2017（平成29）年の幼稚園教育要領

　2017（平成29）年３月31日に幼稚園教育要領が改訂された。改訂のポイントとしては次の通りである。従前からの「環境を通して行う教育」を基本とすることは変わらない。また，幼稚園教育において育みたい資質・能力を明確化した。さらに，５歳児修了時までに育ってほしい具体的な姿を「幼児期の終わりまでに育ってほしい姿」として明確化した。それとともに，小学校と共有することによりいわゆる「幼小接続」をさらに推進することを求めた。また，幼児

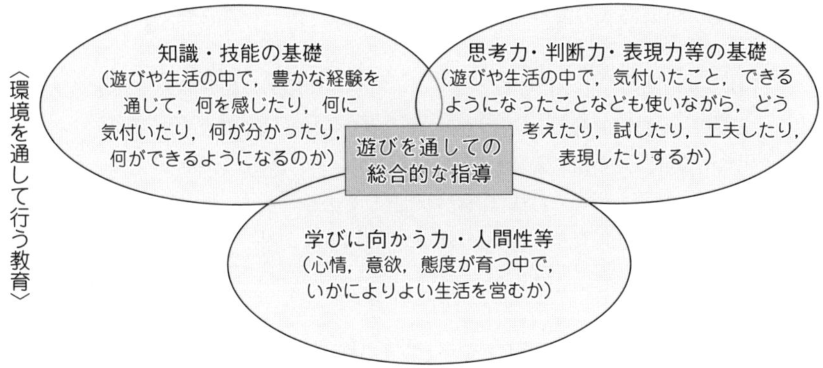

〈環境を通して行う教育〉

○この資質・能力は現行幼稚園教育要領の5領域の枠組みにおいて育むことができるため、
　5領域は引き続き維持。
○これらは個別に取り出して身に付けさせるものではなく、遊びを通しての総合的な指導を
　行う中で、一体的に育んでいくことが重要。

図1-1　幼稚園教育において育みたい資質・能力

出所：文部科学省（2017）「新幼稚園教育要領のポイント」。

一人ひとりのよさや可能性を把握するなど、幼児理解に基づいた評価を実施することが求められている。たとえば、言語活動などの充実を図るとともに、障害のある幼児や、海外から帰国した幼児など特別な配慮を必要とする幼児への指導を充実することが盛り込まれた（文部科学省、2018）。

　幼稚園教育要領の改訂は中央教育審議会答申を踏まえ、次の基本方針に基づいて行われた（文部科学省、2018）。

①　幼稚園教育において育みたい資質・能力の明確化
　幼稚園教育で育みたい資質・能力として、次の3つが示された。幼稚園教育要領第2章に示すねらい及び内容に基づく活動全体によって育むことが重要である（図1-1）。
　・「知識及び技能の基礎」
　・「思考力・判断力・表現力等の基礎」
　・「学びに向かう力、人間性等」
②　小学校教育との円滑な接続
　・「幼児期の終わりまでに育ってほしい姿」の明確化（「健康な心と体」「自立心」「協働性」「道徳性・規範意識の芽生え」「社会生活との関わり」「思考力の

芽生え」「自然との関わり・生命尊重」「数量・図形，標識や文字などへの関心・感覚」「言葉による伝え合い」「豊かな感性と表現」）
・「幼児期の終わりまでに育ってほしい姿」を小学校の教師と共有するなど連携を図り，幼稚園教育と小学校教育との円滑な接続を図ること
③　現代的な諸課題を踏まえた教育内容の見直し
・現代的な課題を踏まえた教育内容の見直しを図ること
・いわゆる預かり保育や子育て支援の充実を図ること

参考文献

安齊智子（2003）「保育施設の設立の変遷」岸井勇雄・無藤隆・柴崎正行監修，柴崎正行編著『保育原理──新しい保育の基礎』同文書院。

石橋哲成（2019）「ルソー」谷田貝公昭編集『保育用語辞典　改訂新版』一藝社。

泉千勢（2005）「世界における保育の思想と施設の歴史」待井和江・泉千勢編著『新訂　保育原理』（新現代幼児教育シリーズ）東京書籍。

金沢勝夫（1984）「近世の幼児教育思想」金沢勝夫・下山田裕彦『幼児教育の思想──ギリシアからボルノウまで』川島書店。

金沢勝夫（1984）「西洋の教育思想」金沢勝夫・下山田裕彦『幼児教育の思想──ギリシアからボルノウまで』川島書店。

川原佐公（2005）「保育の思想と施設の歴史」待井和江・泉千勢編著『新訂　保育原理』東京書籍。

教師養成研究会編著（1981）『資料解説　教育原理』学芸図書。

小泉裕子（2009）「保育者の資格・免許制度の変遷と保育者への期待」榎田二三子・大沼良子・増田時枝編著『保育者論』建帛社。

塩見剛一（2021）「ルソー」広岡義之編著『教職をめざす人のための教育用語・法規』改訂新版，ミネルヴァ書房。

下山田裕彦（1984）「Ⅱ　日本の幼児教育とその思想」金沢勝夫・下山田裕彦『幼児教育の思想──ギリシアからボルノウまで』川島書店。

戸江茂博（2005）「保育の思想と歴史」待井和江編『保育原理　第6版』（現代の保育学4）ミネルヴァ書房。

中谷愛（2003）「幼児教育の歴史を考える」伊藤良高他編著『現代の幼児教育を考える』北樹出版。

平野良明（2007）「資料1　近世以降の保育論と保育方法」山本和美編著『保育方法論』樹村房。

広岡義之（2007）「17世紀の教育制度と教育の歴史」広岡義之編著『教育の制度と歴史』ミネルヴァ書房。

ボルノー，森昭・岡田渥美訳（1980）『教育を支えるもの』黎明書房。

ボルノー，岡本英明訳（2009）『練習の精神』北樹出版。

三井浩（1981）『愛の場所——教育哲学序説』玉川大学出版部。

文部科学省（2017）「幼稚園教育要領」。

文部科学省（2017）「新幼稚園教育要領のポイント」。

文部科学省（2018）『幼稚園教育要領解説』フレーベル館。

安典子（1996）「保育の歴史に何を学ぶか」高杉自子・森上史朗監修，森上史朗・芝恭子編
　　著『演習保育講座2　保育原理』光生館。

山本孝司（2020）「近代市民社会のなかで」貝塚茂樹・広岡義之編『教育の歴史と思想』ミ
　　ネルヴァ書房。

吉岡良昌（2009）「欧米の教育の源流（はじまり）とその発展（展開）」小田豊・森眞理編
　　著『教育原理』北大路書房。

ルソー，今野一雄訳（1962）『エミール（上）』岩波文庫。

（広岡義之）

第2章

保育方法の本質

　　保育方法の本質を私たちはどのように考えればよいのであろうか。保育方法とは，保育をよりよく行うための手立て，手段のことである。そして，保育方法の本質という問題を考える際，その根本には，やはり子ども観の問題が存在する。保育者が子どもをどのような存在として捉えるかにより，保育方法は変わる。本章では，まずは系統主義と経験主義といった二つの大きな立場から保育方法について考える。次いで，「幼稚園教育要領」「保育所保育指針」「幼保連携型認定こども園教育・保育要領」を概観し，保育者として子どもの育ちを確かなものにするための要点を捉える。そして，「幼稚園教育要領」「保育所保育指針」「幼保連携型認定こども園教育・保育要領」の源流となる「保育要領」に触れることにより，日本の保育者がどのような子ども観のもと，何を大切にして保育を行ってきたのかを考え，保育方法の本質を考察することとしたい。

1　保育の方法とは何か

（1）保育の方法とは

　保育とは，子どもと保育者が一緒に創っていくものである。保育で目指していることは，子どもが主体者として「現在を最も良く生き，望ましい未来をつくり出す力の基礎を培う」（保育所保育指針）ことである。保育者は目の前の子どもの，言葉にならない思いに目を向け，理解しようと寄り添いながら，自ら育とうとする子どもの力を信頼し，子どもの興味・関心や発達などに応じて保育内容を工夫することが重要である。保育の方法とは，子どもの思いと保育者の意図が重なって保育の目標が生まれ，それを達成するために行われる多様な援助のことである。保育者は，保育の目標が達成されるように日々の保育にねらいを込め，幼児の発達や生活の実態に即した保育内容を，環境を通して計画的に行っているのである。

　保育所保育指針第1章総則には，「保育の方法」が明記されている。まず，保育者は子どもの家庭での様子を把握し，子どもが安心感や信頼感をもって活動できるよう，肯定的なまなざしで子どもの主体としての思いや願いを受け止めることが重要である。子どもは，身近な保育者との安心できる愛着関係の下で，自分の意思を表現し能動的に周囲の環境にかかわっていくようになる。保育者は子どもを自ら育とうとする主体的なひとりの人間として捉え，子どもの自己肯定感が育まれるよう，共感を基礎とした応答関係を築いていくことが大切である。また，要領や指針には，園は「子どもに最もふさわしい生活の場」でなければならないと記述されている。保育者は，子どもがありのままの生活の中で，さまざまな人，モノ，コトと出会い，心を通わせる経験ができるよう乳幼児期にふさわしい生活の場を創っていくことが重要である。

　子どもの発達は，個性や生活環境などの違いにより個人差があり，それぞれ興味・関心の対象や環境へのかかわり方に違いがみられる。保育者は一人ひとりの発達を理解し，育ちについて見通しをもちながら，実態に即して援助をすることが大切である。

　また，集団生活では違った個性をもった子どもたちが，互いのしていることに引き込まれ，響き合ったり，衝突したり，認め合ったりすることで，次第に仲間として尊重する心を育むようになる。そして，集団の一員としての楽しさや達成感を味わうことで，期待される行動や役割，守るべきルールや規範意識が身についていくのである。それと同時に，集団の中で一人ひとりの思いが尊重され，個性が十分に発揮されることも重要である。保育者は，集団の状況を把握し，子どもが集団の中で受け入れられている安心感をもてるよう，子どもの関係を調整し，それぞれのよいところを伝えるなど，集団としての場が一人ひとりの子どもにとって充実した豊かな育ち合いの場になるように援助することが重要である。

　また，子どもは主体的に環境にかかわり，無理かもと思うことに挑戦したり，遊びに没頭し，友達と一緒に納得するまで遊びこむことで，探求心や思考力，協調性などの諸能力や環境へのかかわり方などを多様に身につけていく。そのため，保育者は子どもの主体的な活動や子ども同士のかかわりが深まるよう，

自発的・積極的にかかわりたくなる環境を構成する必要がある。そして，子どもの諸能力はさまざまな生活や遊びの経験を通して総合的に発達していくため，乳幼児期にふさわしい体験が得られるよう，計画を立て保育を行っていくのである。子どもの興味や関心は常に変化するため，保育方法は，年齢，時期，活動内容などによって変化させることが必要である。保育者は，目の前の子どもの育ちを保障するため，その状況に合わせた最適な保育を工夫し，編み出していけるよう学び続けることが求められるのである。

（2）保育者主導（系統主義）から子ども中心主義，相互主体性の保育へ

　保育では，子ども自らが環境を選択し，主体者として興味をもった活動にのめり込み，自分の世界を広げていくことが尊重されていることが重要である。しかし，実際には「これをしたい」という子どもの思いより，「これをさせたい」「こうなってほしい」という保育者や保護者の願いを優先させた活動をしていることも少なくない。そこで，ここでは保育に影響を与える二つの子ども観と，それを基にした保育方法について考えていこう。

　一つは，子どもは大人より劣った未熟な存在であり，将来の労働力となる「準備期としての子ども観」である。この子ども観では，保育のねらいを達成するため，保育者が望ましいと選択した活動や知識，技能を，保育者主導で一斉に展開させていく。この方法は，子どもの興味・関心が偏っていると感じられるときや，クラス全員に共通体験させたいお芋掘りや避難訓練等の活動を行う際には有効である。しかし，子どもが主体的に選択した活動ではないため，指示待ちの姿勢が見られたり，保育者のねらい通り遊んでいない子どもは，問題視される場合もある。そのため，保育者主導で保育を行う際は，その保育を子どもたち一人ひとりがどう受け止め，それぞれの子どもにとってどのような経験になったのかを省察することが必要である。

　もう一つは，「今を生きるひとりの人間としての子ども観」である。子どもには未知の可能性があり，自ら育とうとする生命力に溢れる有能な学び手であると捉え，目の前の子どもの「できない」ことに注目するのではなく，子どもの豊かな世界がそこに「ある」とみることが重要である。子ども中心主義の保

育では，子どもを共感的に理解し，子どものしたい活動ができるよう環境を構成し，保育者は側面から援助を行う。しかし，子どもの意思を尊重しすぎるあまり保育の目的や意図が見えにくくなり，結果として放任になってしまうこともある。そのため，保育者は子どもの興味・関心や発達からみえてくる保育の目標を達成するため，日々の保育にねらいをもち，教育的意図のいっぱい詰まった自由さに溢れた環境を通して，計画的に保育を行うことが求められる。

　保育において，保育者と子どもは，保育をする側，される側という立場の違いはあっても基本的に対等である。保育の実践では，子どもの主体性と保育者の意図性がバランスよく組み込まれた，子どもと保育者の「相互主体性」が求められるのである。

（3）保育方法の歴史的変遷

　ここでは，日本の保育の歴史の中で，保育者と子どものどちらの主体性が尊重され，時代に受け入れられ，変化していったかを考察していく。

　1876（明治9）年，わが国で最初の幼稚園である東京女子師範学校附属幼稚園が開設された。当時の保育は，フレーベルの恩物を使用しながらも数十分単位で時間割が組まれ，碁盤の目の「恩物机」で保育者の指示に従って操作するという画一的な保育者主導の保育がなされていた。

　しかし，倉橋惣三（1882-1955）が主事となると，子どもは自ら育とうとする存在であると信頼し，子どもの「こころもち」に寄り添いながら，保育の中心に「遊び」や「生活」を据えた，子どもの主体性を尊重し見守る，子ども中心の保育に転換された。

　1899（明治32）年には「幼稚園保育及び設備規定」が定められ，幼稚園保育の基準ができた。保育の方法として，幼児の心身の発達の程度に合うよう，難しすぎることを教えたり強要しないようにとされ，恩物中心の保育から子どもの主体性に基づいた自由遊びが重要視されるようになった。

　大正時代には，個人主義，自由主義が尊重され，子ども中心主義の新教育運動が登場した。一人ひとりの子どもに合わせ保育の方法を変えようという試みが盛んに行われ，自然に親しみ，自発的に直接体験を深めることが保育の有効

な方法であるという考え方が次第に浸透していった。

　第二次世界大戦が終わり，アメリカの新教育が導入され，それを背景として経験主義の問題解決保育が広まった。そして1948（昭和23）年，教育基本法をもとに「保育要領―幼児教育の手引き―」が刊行された。この手引きでは，自由遊びを主とし，子どもの興味や関心を基にした「楽しい経験」をすることで心身の成長発達が促されると考えられたが，日々の具体的な保育案を保育者自らが考えなくてはならなくなり，混乱する現場も出てきた。

　そこで，1956（昭和31）年には「幼稚園教育要領」が刊行され，「健康」「社会」「自然」「言語」「音楽リズム」「絵画製作」の6領域が定められ，「領域」によって系統的に保育内容を示し，保育内容に一貫性をもたせることになった。この領域が小学校の教科のように受け止められ，保育者主導の保育につながっていった。1964（昭和39）年の改訂の際には，幼児期の教育の独自性や生活経験に即した総合的指導が重要であることが強調された。しかし，領域の解釈の仕方に大きな改善はみられず，教科としての計画性が必要と捉えられ，より保育者主導の保育になっていった。

　1989（平成元）年，25年ぶりに「幼稚園教育要領」が改訂され，保育は「環境を通して行うもの」であり，「遊びを中心とした総合的な指導」を行うと保育の基本を明確化した。しかし，それまで保育者が活動を選択し直接指導を行っていた保育から，環境を構成するといった間接的な援助となったため，放任に近い保育を行う園もでてきた。そこで，1998（平成10）年の「幼稚園教育要領」の改定では，保育者の役割に「計画的に環境を構成すること」と「さまざまな役割を果たし，活動を豊かにすること」といった保育者の意図性が新たに加えられた。

　2017（平成29）年の要領・指針等の改定では，保育を通して「育みたい資質・能力」や「幼児期の終わりまでに育ってほしい姿」が明確化された。保育者は，5歳児修了時までに育ってほしい具体的な姿をイメージし，幼児一人ひとりのよさや可能性を把握することで，幼児理解に基づいた保育を行うことが求められている。

（4）これからの保育方法

　現在の保育は，「子どもは，さまざまな環境との相互作用により発達していく」という保育観をもとに行われている。それは，学びを個人の能力だけでなく，子どもが属するさまざまな共同体（家族，仲間，クラス，園等）に参加することで，言葉や習慣，社会のルールなどその集団にみあった社会性を獲得し，かかわる世界が広がることだとしているのである。

　子どもの発達には，子ども一人で達成できることと，保育者や自分より能力のある友達との共同で成し遂げられることがある。保育者は，目の前の子どもの力を理解し周囲との関係の中で，子どもが思わず挑戦したくなる遊びの環境を準備することで，目標に向かってより高い能力を発揮し身につけていくよう援助するのである。

　また，子どもを理解する際に，その子だけをみるのではなく，友達や家族などの関係性の中で捉え，他の保育者など複数の視点で多角的に理解することが重要である。個性のある子どもたちが集団遊びを存分に経験し，友達と目的を共有し，葛藤を乗り越え，達成感や喜びを共に味わう中で，お互いの個性や差異を認め合う関係になっていく。保育者には，一人ひとりの個性や差異を尊重し合い，思いを自由に表現することが認められる，保育者も含めた育ち合う共同体を創っていくことが求められているのである。

（大谷彰子）

2　幼稚園教育要領と保育所保育指針，幼保連携型認定こども園教育・保育要領における保育方法

（1）幼稚園教育要領における保育方法

　2017（平成29）年に告示された幼稚園教育要領（以下教育要領）において，幼稚園教育は「学校教育の基礎を培う」と明記された。ここで幼稚園教育と学校教育の連続性を重視した内容が表記されたのである。これは学校教育における教科学習の前倒しの意味ではなく，幼児期に相応しい環境による保育の延長線上に学校教育の学習が成り立つことを意味している。このように幼児教育と

学校教育の連続性がうたわれているのは「幼児期は生涯にわたる人格形成の基礎を培う重要なものである」と明記されているからであり，将来にわたって個人の資質・能力を発揮するためには，幼児期の遊びで味わう没入体験や，身近な大人や同年齢の集団で培われる人間関係を通して，そこで得られる感情体験が大切とされているからである。

　現行の教育要領では，「幼稚園教育において育みたい資質・能力」及び「幼児期の終わりまでに育ってほしい姿」が示され，育みたい資質・能力である「知識及び技能の基礎」「思考力，判断力，表現力等の基礎」「学びに向かう力，人間性等」の3つの柱が明記された。また，3つの柱を軸に5領域（健康・人間関係・環境・言葉・表現）があり，加えて「幼児期の終わりまでに育ってほしい10の姿」が示され，保育のねらいがより具体的な姿で捉えられるように提示された。

　幼稚園における教育は，各園で定められた教育課程に基づいてたてられる指導計画をもとに展開される。その方法は各学年に合わせた「環境による保育」であり，具体的な保育方法を考え評価する視点として"3つの柱""5領域""10の姿"が示されていることを忘れてはいけない。

　では，ここで具体的な保育方法を考えてみることにしよう。

　幼稚園は，保育基本時間として概ね4〜5時間の教育時間が設定されている。その中で最も教育的な活動が展開される時間は登園から3時間である。保育者はこの時間に資質・能力の3つの柱と5領域を考慮した主な活動を計画し実践しているのである。多くの幼稚園は登園後から各々が興味関心のある遊びを展開できる環境を設定し，友達や1人で好きな遊びが没頭できるように環境を構成している。

　ここでの活動内容にはさまざまな工夫があり，季節や興味・感心に沿ったさまざまな教材が準備がされる。例えば，春から初夏の砂場には，水の入ったバケツやたらい，樋を用意しダイナミックな泥遊びや水遊びを通して，協同して遊ぶ楽しさを味わったり，水の流れや泥の感触から自然科学的な現象に気づいたりする機会が設けられる。その隣では拾い集めた花びらで色水遊びが展開できる道具と場所を準備をする。また，大きな砂山で工事現場の再現や，化石の

発掘ごっこが始まると，友達と協力して遊びが持続するように道具を揃えたり，他の集団から空間を守るための工夫がなされる。

　秋から冬にかけては，落ち葉や木の実を集めて形や数が意識できるように，区切りのある箱や紙を準備したり，運動会などの行事からルールがある遊びの環境を準備する。そこでは子どもの遊びを見守り育てる環境も大切になってくる。年長児になると鬼遊びのルールを自分たちで設定するようになり，その中で集団の約束事や他者とのかかわり方を学んでいくのである。さまざまな体験を通して幼児期の教育活動が保障されるように保育者は環境を構成する。

　また，集団での活動では造形や表現活動，ゲームや散歩などが行われ，個人の活動では得られない体験ができるように保育内容が考えられていく。「社会生活との関わり」や「道徳性・規範意識の芽生え」など"10の姿"につながる活動が展開されるのである。そのほかにも手洗いやうがいを通して衛生面を意識づける教育や，栽培活動などをとおして食育が行われ，健康な心と体を支えるための仕組みを知るための保育が行われている。

　このようなさまざまな保育内容を展開するためには，幼稚園教育要領に基づいた教育課程が確実に編成され，ねらいを達成するための指導計画が設定され，日々の保育が実践されることが重要になる。保育者の意図や環境構成のあり方次第で子どもたちの経験に大きな差が生じるため，ねらいをもって保育にあたることが大切であることを理解し保育に臨みたい。繰り返すが，重要なのは子どもたちが能動的に遊びに入り込む体験ができる時間と空間の確保であり，保育の質の根幹をなす時間であることを意識して環境構成を行いたいものである。

（2）保育所保育指針における保育方法

　保育所保育指針における保育方法は，総則の中の「保育所保育に関する基本原則（3）保育の方法」にねらいが示されている。具体的な内容は第2章「保育の内容」に書かれており，保育所保育の特徴は「養護」と「教育」を一体的に行うところにある。0歳から就学前までの年齢差と開所時間が13時間に及ぶことを考慮し「子どもの最善の利益」を意識して保育することがここでは重要である。

保育指針の「保育の方法」に最初に挙げられているのは，「子どもが安心感と信頼感を持って活動できるように，子どもの主体としての想いや願いを受け止めること」であり，「子どもの生活リズムを大切にし，健康，安全で情緒の安定した生活ができる環境や自己を十分に発揮できる環境を整える」と続いている。要するに，保育所は，安心・安全な環境のもと，保育者と生活を共に過ごす中で周囲の環境からさまざまな学びを得る場であり，これは乳児クラス，幼児クラスともに保育の中核を成すところである。

では，保育所における保育方法を具体的にみていくことにしよう。

保育所の基本開所時間は11時間だが，現在は早朝保育の午前7時から延長保育を含む午後7時までの12時間保育を行なっている施設が多い。その中で朝の受け入れ時から午前8時半ごろまでは早番の保育士が担当し，異年齢の子どもたちを受け入れる。0歳児のみを別室で受け入れたり，2歳児までの乳児クラスと3歳児以上の幼児クラスを分けている園もあるだろう。しかし共通しているのは，毎日自分の担当クラスの担任が受け入れをしないところである。早番の保育士は体調を確認し，保護者の連絡事項を聞く。そして朝の身支度を手伝い異年齢の遊びへと誘導する。慌ただしく保護者から引き渡されることなく，子どもの様子を確かめながら心穏やかに迎え入れる状態を保つことが重視される。1日の保育の中で養護的な意味合いが強く出る時間である。

通常保育の時間帯になると子どもたちは各クラスの保育室に移動する。乳児クラスでは検温や排泄等の健康チェックと連絡事項の確認が行われた後に，室内の玩具や道具を中心として好きな遊びを始める。また，幼児クラスでは能動的に遊びに入り込む1日の中で最も集中度が増す活動時間が始まる。幼児クラスの遊びの内容は幼稚園とさほど変わるものではなく，指針の中にも「幼児教育の積極的な位置付け」として明記された。ここでは，教育的配慮がなされた環境設定のもと，子ども達が自由に遊びを展開する。長時間保育が日常的な保育所では，自由遊びの環境設定が情緒の安定に直接関係しやすく，個別な配慮がなされた環境の必要性も意識しておきたい。また，自由な遊びのなかに内包された学びの体験もこの時間に設定されることが多いので，「教育」を意識した時間であることも考慮して環境設定を行いたい。

　自由遊びの後は各クラスともに集団での活動を設定されることが多い。散歩に出かけたりダイナミックな造形活動などもこの時間に行われる内容であり，この時間の各クラスでの活動は，幼児教育の活動が行われる。「幼児期の終わりまでに育ってほしい10の姿」や「保育内容の5領域」に沿った活動が展開されているのである。これは「保育所保育指針の教育の部分は幼稚園教育要領に準ずることが望ましい」という考え方に立つからである。

　午前中の教育的意図が先導する活動の後は，給食から午睡，おやつ，降園準備とすすみ，自由遊びから保護者のお迎えへと時間となる。このように午後の活動は午前の活動よりも緩やかに展開される養護的な保育が色濃くなる時間である。

　保育所には乳児期からの長い時間をかけて継続的に積み重ねられる体験がある。多様な人的環境のもと，長期にわたる学びの深化を継続的にみていくことが可能な場所と捉えられる。2017年告示の指針では乳児期においても周囲の環境から学びを得て成長・発達していく存在であり，「教育」にかかわる領域を緩やかに包含するとして三つの視点が示された。そこには，乳児の身体的発達に関する視点「健やかに伸び伸びと育つ」，社会的発達に関する視点「身近な人と気持ちが通じ合う」，精神的発達の視点「身近なものと関わり感性が育つ」とあり，その後に続く5領域へとつながりを感じられる内容になっている。

　このように保育所における保育の方法をみていくと時間の流れに沿って養護的な配慮が重視される時と教育的な配慮が重視される時が入り混じって成り立っていることがわかる。保育所では「養護」と「教育」がバランスよく展開されるように保育を計画し，実践することが質の高い保育を保障することになるのである。

　最後に保育所の機能について重要な役割を担う保護者支援について触れておく。保育士資格が国家資格となり，保育の専門的知識と技術をもつものとして社会に位置づけられ業務に従事するように明記されたことを受け，保育方法の中に「保護者の状況やその意向を理解，需要し，それぞれの親子関係や家庭生活等に配慮しながらさまざまな機械を捉え適切に援助すること」と明記された。子どもの心身の健やかな成長に欠かせない保護者の支援も重要な業務であるこ

とを認識しておくことは，望ましい保育の展開のために必要であることを覚えておきたい。

（3）幼保連携型認定こども園教育・保育要領における保育方法

　幼保連携型認定こども園教育・保育要領における保育方法は，原則として2歳児までの乳児クラスの保育は「保育所保育指針」に準じる内容，満3歳以上児は「幼稚園教育要領」に準じる内容であり，両者との整合性が図られた文言で明記されている。そのように整合性が図られているからこそ，幼保連携型認定こども園ならではの配慮があることを理解し保育の計画を立てる必要がある。

　特に気をつけるべきこととして，幼児クラスの保育時間が異なる子どもへの配慮がある。幼稚園や保育所では保育時間内に経験する内容は多くの子どもが共有するものだが，こども園では長時間保育の子どもと短時間保育の子どもでは午後の時間帯の経験に違いが出てくる。例えば保育所では午前中に盛り上がった遊びを午睡後の時間に続けることはよく見られる光景だが，こども園では午前中の遊びは一旦閉じて，午後だけの遊びを設ける工夫がされている。これは短時間保育の子どもとの関係性への配慮から行っている。

　また，こども園によっては担当保育者が教育時間と保育時間で変わることもある。こども園での充実した保育を展開するためには，さまざまな配慮や連携が重要になってくることがわかる。教育的視点に沿った保育の方法や養護的視点に沿った配慮事項は幼稚園や保育所と同じようでも，より多様で多角的視点を持って保育を計画し実践することが求められるのがこども園なのである。

（4）幼稚園教育要領，保育所保育指針，幼保連携型認定こども園
　　教育・保育要領における保育方法の相違と重なり

　2015年に子ども・子育て支援新制度がスタートし，就学前の保育施設には新たに認定こども園の4つの形態（幼保連携型・幼稚園型・保育所型・地方裁量型）が加わった。さらに地域型保育給付の対象として小規模保育や家庭的保育など少人数を対象とした施設も加わり，多様な保育が展開されている。しかし，それらのどの就学前保育施設も保育内容は3つの告示文書に基づいた保育が展

開されており，保育の質の保障がなされている。

　ここでは 3 つの告示と保育方法の相違と重なりについてみていく。文部科学省管轄で学校教育法に位置付けられる幼稚園・幼稚園型認定こども園と，厚生労働省管轄の社会福祉施設として位置づけられる保育所・保育所型認定こども園で大きく異なる点として「養護」の部分が挙げられる。長時間保育や福祉的な支援を必要とする家庭を担う保育所等では養護機能が重要視され，社会的なニーズが増している。幼稚園教育要領にも情緒の安定や心身の健康面における配慮を重視する文言は明記されているが，養護的配慮の位置付けでは書かれていない。一方「教育」においては 3 つの告示とも同じ文言に統一され，就学前保育施設から学校教育へと進む過程における子ども主体の学びを重視した内容になっている。

　保育所における「教育」は1963（昭和38）年に文部省と厚生省との両局長が両者の関係について申し合わせを行い，「保育所における教育に関するものは幼稚園教育要領に準ずるものが望ましい」と通知を出した頃に始まる。すなわち，教育部分のすり合わせは約60年前から継続されてきたのだが，時を経て現行の 3 つの告示では完全な整合性が図られた。どの施設においても就学前教育が保障される基盤ができたと捉えることができる。

　また，幼稚園においても情緒の安定や心身の健康に配慮する文言が書かれており養護的内容について近しい内容になっていることはおさえておきたい。

　社会が大きく変化する時代において，教育や保育の方法を捉える視点も変化をしていくであろう。保育の根拠となる法令は概ね10年ごとに見直しがされ，保育の指標が示される。しかし，保育の方法を考えるときに大切なのは，主体となる「子ども」が中心に据えられているかであり，将来を担う子どもたちの心身の健全な育ちが保障されるものでなくてはならない。そのために「幼稚園教育要領」「保育所保育指針」「幼保連携型認定こども園教育・保育要領」が制定されていることが意味をなす。これらの告示に基づき，子ども主体の保育から逸脱することなく実践が行われることが望まれる。

（新家智子）

3 保育方法の基本理念

(1)「保育要領」にみる子ども観と保育方法

　保育方法の基本理念を考える際，保育の対象となる「子ども」を保育者がどのように捉えるのかという点は，保育の出発点である。前節では「幼稚園教育要領」「保育所保育指針」「幼保連携型認定こども園教育・保育要領」を概観し，保育方法をみてきた。そこで本節は，日本における「幼稚園教育要領」，「保育所保育指針」の源流となる「保育要領」を振り返り，戦後の幼稚園教育，保育の歴史の出発において，どのような子ども観が存在していたのかに触れることを目的とする。これにより，日本では保育者はどのような子ども観のもと，何を大切に保育しようとしてきたのかに，今一度，立ち戻ることにより，保育方法の基本理念を考えたい。保育の質という問題がさまざまなところで取り上げられ，迷い多き現代において，子ども観の見直しと，そこから派生する保育方法の基本理念について，新たな示唆を得ることを念頭に「保育要領」をみていく。

　第二次世界大戦後，日本が永久不変の平和を願い1946（昭和21）年に「日本国憲法」を制定し，翌1947（昭和22）年に「教育基本法」，「学校教育法」，そして「児童福祉法」が制定される。1947（昭和22）年2月には「幼児教育内容調査委員会」が発足，文部省は1948（昭和23）年に『保育要領―幼児教育の手引き―』を発刊し，幼稚園教育について早くもその方向性を示した。この新しい国の教育のあり方を考え，発刊された「保育要領」を全国の幼稚園，保育所に普及するために，文部省は全国で講習会を行った。川崎の津田山において，この新しい保育のあり方について愛育会が講習会を行ったのが最初である。ここに各都道府県から二人ずつ保母を推薦させて呼び寄せ，2週間泊まり込みで「保育要領」を普及する講習会が開催された。この講習会には，保育所，託児所からも参加し，「保育要領」のまえがきを執筆した坂元彦太郎は当時の最初の講習会を行った頃のことを「そのころにはまだ幼稚園と保育所の区別がなかったのです。たとえば，保育所長や託児所長は，幼稚園の免許状でなってい

たくらいだったのです。その後，急激にそうではなくなるのですが，そのころはみな同志だったのです。保育所と一本ということが，ある意味ではありました」と述べている（岡田ほか，2010：42-43）。少し前置きが長くなったが，このように幼稚園，保育所，託児所の分け隔てなく，日本の保育に携わる先達が保育の手引きとした「保育要領」から，保育方法の前提となる子ども観に触れ，そこから保育方法の基本理念について考えたい。

　「保育要領」のまえがきには，これからの国を担う人間として子どもを捉え，「昔から，わが国には子供を大切にする習慣があるといわれているが，よく考えてみると，本当に幼い子供たちにふさわしい育て方や取り扱い方が普及していたとはいえない」という反省と共に「学理と経験にもとづいた正しい保育の仕方」を広く伝えていくことをまずは述べている。次に，幼児期の発達が身体的，知的，情緒的，社会的な側面から示されており，幼児期を「他の時期とは著しく異なった特質」がある時期と捉え，「幼児には幼児特有の世界があり，かけがえのない生活内容がある」と述べられている。そのため，幼児期に相応しい「適切な教育計画がたてられ，適当な方法をもって注意深く実行されることが必要」となり，「その心身の発達と生長に応じてそれを助長する適当な環境を与えてやり，十分な教育や世話をする必要」があるとする。

　「保育要領」では，身体の発育・知的発達・情緒的発達・社会的発達の観点から，子どもの心身ともに健やかな成長を支えるための配慮が示されている。そして，子どもの健やかな成長，学びのためには「幼児は常にやわらかい雰囲気の中に置かれなければならない」とし，子ども自身が安定感を感じていることが何よりも重視され，保育者自身も環境の一部として最大の安定感として子どもに与えられなければならないとある。また，成長する力，学ぶ力，伸びゆく芽をもつ者として子どもを捉えていることが「保育要領」の随所にうかがえる。「子供は自分を動かすことによって，自分で活動することによって成長するものであることを考えれば，子供たちの動きを引き出す原動力になる興味こそ，子供を成長させる最もたいせつな要素である」，「自分でするということは自分で考えることである。自分で考えることによってはじめて子供の心は成長する」，「個性に応じて，おのおのの子供の持っている知的能力を十分に発達さ

せるために，それぞれの興味に最もよくかなった自由な活動が許される機会が与えられなければならない」，「どんな子供でも，自分がどうにかしなければならない立場に置かれ，またしたいと心から欲する立場に置かれれば，おのずからおとなを驚かせるような思考力を発揮するものである。（中略）自分で考え，自分で考えを発展させて行く機会を与えるような環境を作ってやる必要がある。それが子供の知的発達にとって最も望ましいことである。機会さえ与えられれば，子供は十分考える力を持っていることをわれわれは認識しよう」と重ね重ね述べられているように，子どもの興味から始まる活動とその活動が自由に展開できる環境を作ることを，保育の方法として非常に重視していることが理解できる。

　ここで大切なことは，十分に考える力をもっている子どものそばにいる者が，子ども自身の学びの始まりである育ちの芽，興味，関心をどのよう感じ取り，誘い，促し，助けるのかということである。つまり，子どもの学びを見出し，支える視点を保育者自身がどのように保持しているかが問題となる。子どもには育つ力がある。しかし，力を発揮できる環境がなければ，伸びゆく芽を内包していても，力をもて余し，自己発揮することはできない。子どもが心身ともに健やかに育つためには，保育者が意識的，主体的に一人ひとりの子どもの学びを見出す視点を保持していることが，保育の前提条件となるのである。

（2）子どもの学びを支える視点

　「保育要領」には保育を行う際，まずは子どもの情緒的安定を図った上で，学びの原動力になる子ども自身の興味を重視し，興味から子どもが自分で考え，思考力を発揮することのできる自由な活動を保育の中で保障していくこと，そして，保育者が子ども自身の考える力を大切に，子どもの興味から生まれる学びの機会を生む環境を整えることの重要性が繰り返し述べられている。これは，保育者が子どもの中にある力を認識するところから保育が出発し，このような子ども観，子ども理解のもと，環境を整えていくことが保育方法の基本的な考え方であり，本質であるということである。

　「あくまでも，その出発点となるのは子供の興味や要求であり，その通路と

なるのは子どもの現実の生活であることを忘れてはならない。幼児の心身の生長発達に即して，幼児自身の中にあるいろいろのよき芽ばえが自然に伸びていくのでなければならない。教師はそうした幼児の活動を誘い促し助け，その成長発達に適した環境をつくることに努めなければならない」とある。ここには，生活の中での子どもの興味，要求から展開される自由な活動，遊びにおいて個々の成長が実現するという児童中心主義の保育観と，それを実現しうるための保育者の役割として，子どもたちの活動を「誘い促し助け，その成長発達に適した環境をつくること」が述べられている。

　幼児の活動を，誘い，促し，助けるためには，保育者が主体的に幼児の活動を観察し，読み取り，この先，どのように育っていってほしいのかといったねらい，願いのもとに，次の保育の手立て，方法を考える必要がある。保育は子どもの興味，関心，子ども自身の活動を中心として展開していくものではあるが，保育者が子どもの活動を看過，あるいは放置していては，保育活動は成立せず，子どもの活動の有意義な展開を望むことはできない。つまり，育つ力は子どもにあるが，その育つ力を引き出していくのは，保育者の責務である。その際，保育者が子どもの姿から，一人ひとりの子どものそれぞれの地点での学びを積極的に見出すことが肝要となる。子どもが活動しているその姿に，間接直接を問わず，丁寧に，積極的に保育者が関与していくことが，保育を行う上で非常に重要で不可欠であることを強調したい。子どもの姿から，一人ひとりの学びをどのように捉え，どのように支えるかは，非常に切実な問題なのである。

　無藤隆は幼児教育の構造について，「実は，幼児教育においてイメージしている教育は，目の前のものに対応していくところから，見えないところを目指して自分たちの活動を組織するところに向けて，子どもたちの活動を変えていこうとしている」と述べる（無藤，2009：155）。保育者は子どもたちが何かができるようになるといったわかりやすいことから，自ら主体的に対象にかかわり，試行錯誤しながら粘り強く取り組む力のようなもっと大きな力を醸成していくという視点でもって，子どもの活動から子どもの学び，成長を見出し，育んでいかなければならない。先にも述べたが，保育者が一人ひとりに応じた環境を

整えるには，子どもの今の心身の発達と成長の状況を理解することが求められるのであり，その活動が自由に展開，発展しうる環境を整備するには，子どもが環境にどうかかわり，そこからどのような学びを得ているのかを読み取ること，そして，保育者が主体的にそれぞれの日々の学びを読み取った上で次の保育の手立てにつなげていく，といったプロセスが「適切な教育計画」を立て，「適当な方法をもって注意深く実行」する具体的作業になることを示していると考えられる。つまり，①ねらいに基づき環境を用意する，②環境とかかわる子どもの姿から，その子の今の学びを理解する，③学びの姿を理解したうえで，その子にとって必要な次の手立てを考える，という一連の作業こそが保育者の重要な役割であり，保育方法の基本理念であると捉えられる。

　学びの主体者は子どもであり，それゆえ，保育方法の基本は，まずは子どもが学びをつかみ，深められるような十分な環境（物的，人的，空間，時間的なものを含め）を準備するということに尽きる。そのためには，できるだけ子どもが学びを得ているその時に，個々の学び，発見，挑戦に気づくことが重要になる。そして，その学びに寄り添うことができるようになると，保育者自身も保育者として学びの主体者になる。ここにそれぞれの子どもへの保育方法を模索し，環境を構成，再構成していく保育者としての主体性を発揮する場が生まれる。子どもと保育者の双方が学びの主体者として，主体的に自己の感覚を働かせ，生の手応えを感じながら，世界に対して自己を開き，ぶつけていくのである。

　保育方法の基本理念を考えるとき，保育者が子どもをどのように捉えるか，また保育者自身が子どもと同じ今を生きる一人の人間として，どのように日々の事象に向き合い，生きていくのかという問題にどうしても通底していく。保育者自身が，子ども，人間への興味をもち続け，自らも子どもであったことを思い出し，目の前の子どもの姿から主体的に保育方法を考え，環境を模索することは，確かに子どもたちの豊かな環境を用意することにつながる。自ら考え，伸びゆく芽をもつ子どもを保育するには，その子どもを誘い，促し，助ける保育者自身もそのようにあらねばならないことを「保育要領」にみることができる。

（大江まゆ子）

参考文献

秋田喜代美編集代表（2015）『よくわかる幼保連携型認定こども園教育・保育要領徹底ガイド』チャイルド本社。

岡田正章・久保いと・坂元彦太郎・宍戸健夫・鈴木政次郎・森上史朗編（2010）『戦後保育史　第 1 巻』日本図書センター。

小田豊・森眞理編著（2007）『子どもの発達と文化のかかわり』光生館。

柴崎正行編著（1999）『保育方法の探究　第 2 版』建帛社。

厚生労働省（2017）『保育所保育指針解説書』フレーベル館。

民秋言編（2008）『幼稚園教育要領・保育所保育指針の成立と変遷』萌文書林。

無藤隆（2009）『幼児教育の原則──保育内容を徹底的に考える』ミネルヴァ書房。

森上史朗・柏女霊峰編（2015）『保育用語辞典　第 8 版』ミネルヴァ書房。

森上史朗・渡辺英則・大豆生田啓友編（2001）『保育方法・指導法の研究』ミネルヴァ書房。

内閣府・文部科学省・厚生労働省（2017）『幼保連携型認定こども園教育・保育要領解説書』フレーベル館。

文部科学省（2017）『幼稚園教育要領解説』フレーベル館。

第3章

幼児の発達と保育方法

　　　　保育方法を計画・実施するには，子どものこれまでの成長・発達過程を考
　　　慮しなければならない。子どもの発達についていえば，身体，情緒，生活行
　　　動，記憶，認知，言語などがある。これらの中で，とくに社会性の形成過程
　　　にかかわることについて論じる。これには，対人関係として最初となる愛着
　　　性の形成，身のまわりの生活についての習慣行動である基本的生活習慣の形
　　　成過程について取り上げていく。

1　愛着性の形成

　かつて親子関係の成立過程の考え方では，無力な子を親が一方的に保護・教
育するといわれてきたこともあった。現在では両者の相互作用によって形成す
るとみなされている。親子関係の形成の発見は，ローレンツ（K. Lorenz）らに
よる比較行動学の立場からの研究が契機となっている。たとえば，ある種の鳥
類の仔（雛）は卵から孵化すると，最初に視野に入った動くものを親として認
める。つまりその鳥類の親子関係の形成には刻印づけ（刷り込み：imprint-
ing）が存在することを発見したのである。

　さらに親子関係の重要性については，ハーロウ（H. F. Harlow）らによるアカ
ゲザル（リーサスザル）の仔と2種の代理母（人形）との実験で，親子関係が
成立する要因が明らかにされた。彼の実験では，仔ザルをミルクの出る針金の
人形と布の人形で育ててみた。仔ザルは摂食のときにはミルクの出る針金の人
形のもとにいくが，音をたてるぬいぐるみが接近してくるなど恐怖を感じる状
況になると，布の人形にしがみつく行動を示した。この点に着目し，仔が親を
認識するのは摂食要求と食物供給との関係で成立するのではなく，暖かさ，柔
らかさが必要であること見出した。このようにして隔離して成獣まで育てられ

たサルは自傷行為や過剰な情動を示し社会性がとれなくなる。雄ザルは異性と関係ができない。雌ザルでは，たとえ仔を産んでも，それを異物として取り払おうとして，子育てしないし，できない。ただし，代理母で育てられた仔ザルであっても，通常のように親に育てられた仔ザルの仲間と子ども時代を過ごすと，ほぼ正常な行動を示した（Harlow, 1972）。つまり初期経験としての社会的接触が健全なパーソナリティの発達には必要である。

（1）愛着性の形成過程

　ヒトの場合は，前述の鳥類のように短期間に親を決定してしまうことはないが，ある一定の時間をかけて，子育てをされる側と子育てをする側に愛着性（attachment）といわれる絆を形成することによって，親子関係が成立する。

　愛着性とは，ある人物や動物が特定の個体や集合体に対して形成する情緒的な結びつきを意味する。この意味には乳児が単なる受動的な存在ではなく積極的に対人関係を求める生得的傾向をもっていることが示唆されている。つまり親子関係の成立は，ボウルビィ（J. Bowlby）の言うように，子どもの自己の発信（信号）行動に対して，タイミングよく親密な社会的・心理的な反応をしてくれる人物（成人）に対して愛着性を形成することによって成立する。

　親子間が緊密な関係としての安定したアタッチメントである愛情の絆で結ばれていると，基本的信頼感が子どもに確立し，子どもの不安や恐れは制止される。このことは，子どもが特定の人物（母性的人物）を安全の基地としてみなしたことを示す。安全の基地が存在することによって，子どもは探索の動機を解発（release）され，活発な探索行動を展開するようになる。その結果として，子どもの認知的発達が促進され，自立性を有するようになる。幼児期以降には，愛着性は同世代の子どもに向けられるようになり，さらにその対象は集団，民族，全人類へと広がる。

（2）安定性愛着と適応のタイプ

　2歳以前の子どもは母性的人物との関係が強いため，他者との相互関係がうまくとれないので，集団活動が社会性や適応性を伸ばすのに必ずしも役立つと

表 3-1　愛着性の発達四段階説

Ⅰ．人物の識別（弁別）をともなわない段階で定位反応（行動）*と発信行動**を行う（誕生から生後12週頃まで；好ましくない条件のもとではさらに持続する）。

　子どもは，周囲のあらゆる人物に対して，凝視し，追視し，微笑し，あるいは発声したり，泣いたりする。これらの行動は，周囲の人物の行動を観察したり，その人物を乳児の近くに引き寄せたりする効果がある。同時に乳児は人物に語りかけたり，顔を見ることによって，人物が応対してくれることによって泣きやんだり，微笑したりする。これらの行動は，いずれにしてもその人物の応じ方によって左右され，人物が近くにいるほど活性化する傾向があり，12週以降とくに顕著になる。しかし，まだ特定の人物を選んで，その人物に対して，よく笑ったり，その人物でなければ泣きやまなくなったりするような他者と区別するような行動はみられない。

Ⅱ．特定の人物を識別（弁別）する段階（生後12週を過ぎる頃から明確に現われる。生後6ヵ月頃まで続くが環境条件によってはさらに後まで続くこともある）。

　一人または数人のある特定の人物（一般には母親など母性的人物）を選択するようになってきて，それらの人物に対して，頻繁に定位行動や発信行動を行うようになる。つまり特定の人物に対して，とくによく笑ったり，泣いていたとき特定の人物にあやされると泣きやんだりするようになる。この段階になると，乳児は特定の人物である母性的人物に対してとくに親密な方法で行動する。

Ⅲ．発信行動と移動の手段による弁別した人物に接近***を維持する段階（生後6，7ヵ月頃から始まり，2〜3歳まで持続：主要愛着人物との接触が乏しかったり，不安定であったりすると，満1歳以降になって初めて，この行動が現れることもある）。

　子どもは特定の人物である母性的人物を弁別するのはもちろんであるが，主として離れていく（外出してゆく）特定の人物の後を追ったり，帰って来れば喜んで出迎えたりする。さらに探索行動をするための安全の基地として，特定の人物を活用する。
　特定の人物以外の人物に対しては，人見知りの反応を盛んに現わすようになる。ただし特定の人物がそばにいて，生ずる不安を制止すれば，見慣れない人物に対しても探索行動を始める。ところが，子どもにとって予期されない突然のできごと——たとえば，見知らぬ人物が大きなくしゃみをするとか，眼鏡をはずすなど——に接すると，安全の基地である特定の人物の元に戻り，新たに生じた恐れや不安を鎮めようとする。これは探索中であっても，唯一の不安制止者である特定の人物の動きに注意を払っていることを示す。このように繰り返される不安制止のできごとを一つひとつ経験として取り込むことにより，子どもは特定の人物に対する信頼感を形成してゆく。さらに特定の人物以外にも別の人物が二次的愛着対象人物として選択されてくる。2〜3歳以降には，子どもの認知行動のなかに特定の人物が安全の基地として，しっかり組込まれ，特定の人物の行動が読みとれるようになる。たとえ特定の人物が視覚的に捉えられなくとも，子どもはその行動内容を予測できるようになるので，安心して遊びに没頭するようになる。いわば，目に見えない愛情の絆で結ばれている。

Ⅳ．目標修正的****協調関係の形成（3歳前後から始まる）。

　子どもは特定の人物の行動目的や感情などを洞察することができるようになり，両者の間に協調関係ができあがる。この時期から特定の人物だけに対する強い愛着行動は徐々に弱まり，青年期になるとさらに弱まってゆく。それと同時に，特定の人物以外の成人や同年齢層の仲間が愛着対象として重要な役割を果たすようになる。とくに青年期以降では，愛着行動は，異性あるいは集団や法人に対しても向けられるようになる。高齢者においては，愛着行動がより高年齢や同年齢者に向けられることはまれで，たいていの場合，より若い世代に向けられる。

*定位反応（定位行動）：人物の姿や動きを視覚的に捉えたり，声を聴覚的に捉えたりすることによって，人物の所在の情報を得る行動。たとえばじっと見つめる（凝視），目で追う（追視）などがある。
**発信（信号）行動：周囲の人物を引き寄せる効果をもたらす行動，たとえば泣き叫ぶ，ほほえむ，喃語や片言などがある。喃語や片言について，正高信男（1993）によると，乳児にはクーイング（cooing）と称する6〜8週目くらいから始まる「アー」「クー」「アック」「オッィ」という柔らかく響く乳児の発声行動が存在する。快適で，目覚めているときによく発せられる。乳首を吸うのを休止したのち2秒後くらいで，母親が揺さぶりを開始したことが刺激され，その直後ではじまる。子どもの発声に対して母親がおうむ返しをする。子どもは母親の発声を確認後さらに発声する。4ヵ月齢では母親と類似した音を発声することが可能となる。
***接近：特定の人物にさらに近づくこと，また離れていこうとする親との接近を維持する行動：吸う，しがみつく，這う，歩くなど。特に乳首を吸う頻度上昇するときには，周囲の状況に何か変わったことを感じて緊張したことを解消するために行う。
****目標修正的（行動）：子どもが自己と愛着対象との隔たりを調整しようとする行動で，乳児期後半の生後9ヵ月頃から18ヵ月頃の間から現われ，幼児期にかけて発達する。発信行動がより複雑な行動システムに合体することに着目したもの。
（出所）　西本望（2001）。

はいえない。つまりその年齢段階では，まだ親子の愛着性が確立していない可能性があって，他者に愛着を向けるまでに至っていないかもしれないからである。その後3歳以降になると，集団生活の経験は，愛着対象が広がる機会になる。それによって，子どもには，仲間関係が形成され，パーソナリティ形成に好ましい結果をもたらしやすい。もちろん親から離されて初めての集団生活をする場合，多くの幼児は分離不安（separation anxiety）を示すが，たいてい不安反応は数週間のうちに消失し適応性反応が徐々に現われ始める。保育所や幼稚園，認定こども園などでの適応が比較的順調な子どもは，乳児期から幼児期前期にかけて特定の人物（親）から受容的な態度で養育されたことで，すでにその人物に対して安定した愛着の確立している。これは他者との人間関係の形成にかかわるパーソナリティの健全な発達の基盤となる。それは乳児期における「基本的信頼感の獲得」に基礎を置くとするエリクソン（E. H. Erikson）の見解によっても裏づけられている。ただし乳児期での愛着性が，いわゆる暖かい人間的接触によって育まれるのはよいが，児童期以降での溺愛による親の子育ての態度は，子どものパーソナリティ形成には，むしろ有害で，自立や他者関係の形成を妨げる。

　前述より特定の人物である親との愛着形成がまだ成立していない時期に，集団生活をする場合には，保育所などの児童福祉施設では，乳幼児保育の対策として，特に乳児に対しては特定の保育者が担当して対処している。こうすることで保育者が子どもにとっての愛着対象となって安定したパーソナリティ形成を図れるようにしている。

　愛着行動の分析について，エインスワース（M. D. S. Ainsworth）らは，ストレンジ・シチュエーションの実験（1978）から対人関係に3タイプがあることを見出している。それらは不安定回避型，安定愛着型，不安定抵抗型である。さらにヘイザンとシェイバー（C. Hazan & P. Shaver）は，成人についても同様に，これらのタイプが存在することを明らかにしている。

（3）親子間の愛着形成におよぼす主要な要因とリスク

　愛着形成におよぼす主要な要因について，クラウスとケネル（M. H. Klaus &

J. H. Kennell）は，子が出生し成長・発達するにあたって，不変な要因として両親の背景をあげ，6点を示している。①各両親が自分の母親から受けた子育て，②両親の素質あるいは親からの遺伝，③文化的慣習，④家族および妻と夫（子にとっては母親と父親）との関係，⑤前回妊娠時の経験，⑥妊娠の計画，経過および妊娠中のできごと。

　さらに変化する要因として，医療・看護の業務内容をあげている。①医師や看護士その他の医療従事者の行動，②分娩中のケアおよび支援（支援的同伴者ドゥーラ）があること＝母親が1人にされていないかどうか，③生後数日の母子分離の有無，④病院の規則・慣習。

　また，上述の要因によって生じる効果的な養育行動および愛着と養育行動の障がいについては以下のように示している。①虚弱児症候群（vulnerable child syndrome）：両親が病気になった子どもや入院していた子どもをいつもと違った仕方ですなわち過保護にしたり，逆に拒否したりして取り扱うため，子どもが障がいを受けやすくなった状態をいう，②親子関係の障がい，③事故，④ハイリスク新生児にみられる発達および情緒的問題，⑤養子にみられる行動上の問題。重篤な障がいは，①子どもへの虐待，②器質性疾患のない発育不全症候群（failure to thrive without organic disease）がある。低体重出生や疾病などの理由で入院した新生児の中で，親子分離された子どもとされなかった子どもとを比較すると，前者に発育不全の症例が現れた。たとえば体重増加がみられなかったり，行動面が発達しなかったりすることが報告されている。

（4）ハイリスクと親子の分離

　親子分離の問題については，未熟や重篤な疾病・障がいを理由として，24時間以上保育器などで子が親から分離されていることが一つの目安となる。2,200グラム未満（2,000グラム未満児とするときもある；2,500グラム未満が低出生体重児とされる）の低出生体重児は体温保持などのため保育器に収容され，当然親子分離がなされる。これによって，愛着性の形成が妨げられる。最も問題なのは乳児ではなくて親（主に母親）の方にある。乳児は生得的に自分を保護してくれると推察され得る人物に対して信号行動や接近行動をくりかえす。一

般には，それらの行動にタイミングよく対応する特定の人物が，愛着の対象となることで養育者（親）と認識されるようになる。しかし，親となる人物のなかには，その行為をしない者がいる。それには次の理由が存在する。まずは，親側の理由によって望まれない子どもとして出生したとき。二点目は子どもを希望していたが，わが子がこんなはずではなかった，とショックを受け出産前の期待に反して出生した子を否認し受容できない。つまり，健康で丸々としたかわいい子どもであるはずなのに，現実は貧弱で障がいを抱え，何を訴えているかもわからない。このような子どもに対する虐待のリスク要因として，出生体重1,500グラム未満の極小低出生体重児や重篤な低出生体重児に母親が微笑んだり見つめたり触ったりする時間が少ないことが報告されている。しかも低出生体重児や疾病新生児の虐待頻度は，全乳児では0.5％生じる虐待発生率に対して，その8倍の頻度が示される。正期産の子に比較して保護が必要であるにもかかわらずこのように重篤な問題につながる可能性も高くなる。これらの親が子どもを受容し適切な対応をするに至るには，かなりの時間を要する。

　さらにこれらの子どもは，保育器の収容など入院によって親子分離が生ずる。それによって愛情の絆を形成できない親たちがいる。三点目は，信号行動など諸行動がうまく発しえない子どもである。これにより親は子どもを「おとなしい子」とみなして対応しなくなる。子どもにとっては訴えても対応されないので，「どうせだめなんだ」という諦めの念慮が生じる。つまり学習性無力感が生じ，それにより，さらに訴えの少ない子どもになってしまい，外部からみれば無気力・無関心とみなされ，さらに不安定愛着性となって発育不全になる可能性がある。それは子どもだけに作用することにとどまるだけではなく，親の行動にも不適切な子育て態度が生じることがある。これらの解消には，保育器に収容される乳児であっても可能な限り早期から親が接触する方策をとり，親から子への愛着（ボンド）を形成させる機会を設けることが重要となる。

（5）親からの自立と移行対象

　乳児期から幼児期にかけて，子どもは養育者との縦の人間関係から子ども同志の横の人間関係へと移行し始める。この時期から児童期にかけて，指しゃぶ

り，タオルケットを引きずる，ぬいぐるみや枕をもち歩く，布団の端をさわる，などの行為がみられる。井原成男（1996）によると，母親から自立しなければならない状況で，子どもは自らを精神的に癒すために，温かさや柔らかさなど母親のイメージを有するものを必要とする。ほかにも愛玩動物を同様に扱ったり，欧米では鏡などに映った自己の像を友人（imaginary companion）と呼んだりする行為もある。すなわち母親との密接な愛着関係から自立して同世代の仲間に愛着を移すまでの過程で，愛着の対象となるものを移行対象とよぶ。

　また幼児期前期は，自律期として，いわゆる第一反抗期ともよばれ，自分の欲求として不可能な行為でも行おうとする意欲のでる時期でもある。さらに幼児期中期からは探索活動とともに興味・関心が高く質問期といわれる。後期には，説明を成人に執拗なまでに求める時期になる。さらに日常生活にかかわる身辺の基本的な習慣的な行為を，親の行為に頼るのではなく，自己の力で独立して行う時期となるが，それを確立するには児童期まで至る。

2　日常生活の身辺の自立としての基本的生活習慣の獲得・形成

　幼児期前期は，エリクソンの言うように自立性を獲得する時期である。つまり自己の能力では目的を成就することが不可能と考えられる行為であっても，子どもの遂行意欲は強く，親に対しての依存から自立に向かおうとする。この行為とともに探索活動が活発となって，種々の物事や現象に対する興味・関心が高まる。同時に，特定の人物との密着した関係からより広い対象へと愛着関係が拡がっていき，種々の人びととかかわっていく過程で，社会集団の習慣やルールさらには倫理観を習得し社会的スキルを獲得し，他者との関係を円滑にして生活を行えるようにする。

（1）基本的生活習慣とは

　幼児期前期は，大人の側からは，いわゆる第一反抗期ともよばれ，子どもからみると欲求充足と自律のための行動を示す時期である。つまり自己の能力では目的を成就することが不可能と考えられる行為であっても，子どもの遂行意

欲は強く，養育者（親）への依存から自立に向かおうとする。同時に，特定の人物との密着した関係からより広い対象へと愛着関係が拡がっていき，種々の人びととかかわっていく過程で，社会集団のルールさらには倫理観を習得し社会的スキルを獲得し，他者との関係を円滑にして生活を行えるようにする。社会生活として最も初期の段階として，子どもは日常生活についての身辺の基本的な習慣を獲得・形成していくのである。それを基本的生活習慣とよぶ。

（2）基本的生活習慣の獲得・形成の目的とその意義

　日常の生活において，子どもは養育者から排泄訓練などのしつけを受けることによって自己の欲求をうまく制御し克服することを学ぶ。特に2歳頃から，養育者の世話から自立して，身辺の行動を自ら行おうとする意思である自立心が芽生えてくる。それによって子どもの基本的生活習慣の獲得のきっかけが起こる。この時期はフロイトの肛門期とほぼ一致し排泄訓練などの生活習慣を形成し，エリクソンが「自律性を獲得し，疑惑および羞恥心と戦う」とする時期に該当する。

　しつけに関して，山下俊郎（1938）が，欧米の発達研究を参考に「我が國の生活形態に即して設定しやう」との考えから，基本的生活習慣を日本独自の発達基準として設けたのである。その後，西本脩（1965）が「時代の推移にともない発達加速現象（acceleration）がみられることから，時代に適した年齢基準が必要」と独自に調査し再検討して改定した。それは津守真らによる『乳幼児精神発達診断法』の妥当性を証明することにも活用され，身辺生活の習慣行動にかかわる食事・睡眠・排泄・着脱衣・清潔の5領域に関する成長・発達過程の指標として，基本的生活習慣の自立標準（山下俊郎・西本脩）として現在に至っている。この習慣形成の目的は，①社会生活からの要請による文化適応を行う。つまり社会集団の成員として，所属する集団（社会）の行動様式を習得し他者との関係を円滑に行っていく。②独立したひとりの個人として自己にかかわる身辺の行動を行う。つまり自律的な意思をもって独立した行動（自立）を行う。③生理的な生活を整え，健康を保ち，心身の調和的な成長・発達を遂げる。これによって生命の維持を図る。このように基本的生活習慣の形成は，

社会化の一過程の要素をもつとともに個人としての自立，さらに生命維持活動を行う。つまりは社会的人間としての基礎をつけることで，後の道徳性などパーソナリティ形成にもつながっていく。ただし，文化は絶えず変容しているので，行動様式の取捨選択もありうる。

　表3-2に示した自立年齢は，各事項において成就する子どもの割合が75％以上のときの年齢段階である。同様に，津守の診断法の標準化や牛島義友・星美智子『乳幼児総合発達検査』(1961) などに使用された方法で，フランケンバーグ (W. K. Frankenburg) による検査を日本版として標準化した上田礼子『日本版デンバー式発達スクリーニング検査 (JDDST)』(1980) では，細かな通過率も示している。松原達哉ら (1985) の社会生活能力や谷田貝公昭・高橋弥生ら (1987・2001) による調査もある。

　さらに自立には「できる（可能）」と「していること（習慣）」の2点にわけられる。もちろん習慣形成にあたっては，ゲゼル (A. L. Gesell) の成熟 (maturation) を考慮にいれるが，「できる」にとどまるのでなく，親に言われなくても自ら実行して後の年齢でも，その行為が失われずに定着し，日常「している」ことで真の習慣となる。

（3）基本的生活習慣の各領域での習慣形成の意味とその援助

① 食事行動についての習慣形成とその援助

　この領域ではフロイト (S. Freud) が性的欲求の発達段階で示した口唇期にあたる。つまりリビドー (libido) が口唇に集中すると解釈する授乳から始まり，口唇分離（1歳6ヵ月頃）の離乳期を経て，成人と同様の食事を摂取するに至る時期である。エリクソンは子どもと母親との哺乳行動などを通して他者との信頼関係をもつ最も重要な時期とみなしている。この習慣は，のちに述べる排泄および睡眠の習慣とならんで，最も早期に形成が始まる。

　この領域には「①離乳を中心とする食べ物の切り替え，離乳食やご飯を与え始める時期を含む。②食器の使い方を習得し，周りの者の手を借りないで自ら食事を摂ることおよび食事作法。③食べ物の好き嫌いおよび間食」の3点がある。

表3-2　基本的生活習慣の自立標準

年齢	食　事	睡　眠	排　泄	着脱衣	清　潔
1歳	• 自分で食事をしようとする • 茶わんを持って飲む • スプーンの使用		• 排尿，排便の事後通告		
1歳6カ月			• 排尿，排便の予告 • 昼間のおむつ不要		
2歳		• 就寝前の排尿		• 一人で脱ごうとする	
2歳6カ月	• スプーンと茶わんを両手で使う • 食事前後の挨拶		• 夜のおむつ不要	• 一人で着ようとする • 靴をはく	• 手洗い
3歳	• 箸の使用（握り箸） • こぼさないように飲む			• パンツやブルマーを一人ではく • 帽子を一人でじょうずにかぶる	• 顔をふく
3歳6カ月	• 箸と茶わんを両手で使う	• 就寝時につきそいがいらなくなる	• 何かに夢中になったときのそそうの消失 • 排尿の自立	• 靴下をはく	
4歳	• こぼさないようにご飯を食べる	• 就寝の挨拶		• 両そでを通す • 前のボタンをかける • 一人で脱げる	• 口をゆすぐ • 歯磨き • 顔洗い • うがい • 鼻をかむ • 髪をとかす
4歳6カ月			• 紙の使用	• 一人で着る	
5歳		• 寝間着の着替え			
5歳6カ月				• ひもを前でかた結びにする	

（出所）　西本脩（1965）。

まず乳汁摂取にかかわる哺乳・離乳期は次の傾向がある。離乳（乳離れ）は
１歳〜１歳６ヵ月頃，離乳食開始は６ヵ月前後，成人と同じ食事をとるように
なるのは11ヶ月〜１歳６ヵ月頃から開始することが多い。ここで授乳期間の終
了には定説はなく（厚生省離乳研究班・厚生労働省離乳研究班），栄養の摂取量の
基準だけに注目すればよい。つまり断乳後も牛乳を飲む習慣が成人期まで持続
されることもこれにかかわる。世界で最も授乳期間が短いといわれるアメリカ
での理由には，乳房が性的対象とみなされるので人前ではみせられない慎むべ
きものとされているからである，とシアーズ（R. R. Sears）はいう。日本でも
一時期その傾向がみられたが，母子の接触が愛着形成に関連することが明らか
になると母乳哺育が奨励されるようになった。

　概ね１歳になると自らコップ（茶碗）をもって飲んだり，スプーンを使って
食べたりする。３歳頃には箸を使用し，こぼさずに食べ自立が達成される。

　その中でも「箸の正しい持ち方」については山下調査（1935-36）では，幼児
期に自立しうるとされたが，西本調査（1963）や1980年代以降では児童期以降
でさえ成就が困難となり表３−２の年齢段階にも示されない欄外となった。す
なわち，食生活の変化，いわゆる洋風化やファーストフードなどで箸を使用す
る機会が減少してきたこと。並行して家族形態の変化で伝統的文化の継承を担
う高齢者と同居しない傾向が増加したため，そのモデルが不在となり，子ども
は箸の使用方法を学ぶ機会や異なった用い方を糺される機会を失った。それに
ついて谷田貝公昭ら（1985）は，乳幼児から高齢者まで調査した研究で，当時
40〜50歳（第１次の団塊の世代）の年齢段階以下から自立割合が，急激に低下
していることを指摘している。つまり，当時の親世代であった人たちは，箸の
使用方法を伝授してもらっていない。それによって，次世代に対して箸の正し
い使用の伝達が非常に困難になっている。

　箸の正しい使用の減少とともに「箸と茶碗を両手で使える」，「こぼさないよ
うにご飯を食べられる」は，箸のもち方が成就しないことに伴って遅滞化した
と考えられる。したがって，幼稚園・保育所や小学校の給食などの昼食の時間
帯に箸を使用することは，伝統的文化の継承に効果がある。

② 睡眠行動についての習慣形成とその援助

この領域も食事の領域と同様に，乳幼児の生理的生活に関係した習慣行動である。ここでは睡眠そのものだけでなく就寝に至るまでの準備や就寝中にも関連し，行動の内容を「①寝つき（就寝形態）。②生活時間との関連での睡眠時間。③就寝前のひとつながりの準備行動」3点に分類できる。

就寝形態では2歳までは添い寝を必要とし，3歳半～4歳頃には誰も傍にいなくても就寝するようになってくる。「添い寝の終期」について自立標準（表3-2）の西本調査（1963）が最も早期であったが，その後は遅滞化していくことになる。つまり当時は，高度経済成長期に個人重視の欧米型育児様式である親と子は個として独立した存在を強調した親子別室を手本とした時期であった。これによって，自立割合が増加していたのかもしれない。現代ではボウルビィのアタッチメント理論やエリクソンの理論を証明するように，添い寝は親子の安定性愛着および信頼関係を形成する有効な手段であることが明らかとなった。これを含み1980年代以降では，子どもの精神を安定や子どもの急病に気づく点などから日本の伝統的な育児様式が寄与することから添い寝を推奨する方向に見直されてきた。

篠田有子（1989）は，就寝形態とこどもパーソナリティの関係を次のように示している。

　　M中央型：母親（M）が父親（F）と子（C）の間になって就寝する。このタイプでは，母親が主に子どもにかかわることになって，母親と子どもの関係が強い。子どものパーソナリティとしては，精神的に安定し，母親との密着度が高いが，自立してゆく可能性が高い。子どもは母を介して父とかかわることになる。つまり夫が妻の精神的バックアップとなるとよい。

　　C中央型（川の字）：父親と母親にはさまれて子が就寝する。父親が子にかまうタイプが多い。子どもが両親に同程度の愛着を示す。子どもは情緒安定しているが，親子の密着度が高く社会性がやや難といわれる。

　　F独立型：日本独特の形態といわれ，父親の就労形態などによって1人で

独立した部屋で就寝し，母子が同室で寝る。子どもが母と密着しすぎ
るため，過保護か放任になる傾向がある。したがって子どもは，母離
れしにくい，情緒不安定で自立度が低い。

　Ｃ独立型（米国型）：子どもの独立・自立促進を重視する米国型の就寝形
態である。そこからは，子どもに孤独・不安・恐怖からくる精神不安
が生じることがある。

　ただし篠田は，これらの因果関係については定かでないと述べている。上記
の就寝形態を行う保護者の養育態度が，そのようなパーソナリティを形成する
のか，そのようなパーソナリティを形成する養育行動をしている保護者がその
ような就寝形態をとるのか，どちらかは明らかではない。

　ここで覚醒・睡眠のサイクルについて，睡眠中にはREM（rapid eye move-
ment）睡眠とNREM（non-REM）睡眠の時期に分かれ，前者は急速眼球運動の
時期で眠りの浅い時期といわれ，後者は眼球運動が現れない深い眠りの時期
である。REMとNREMは，およそ１時間半の周期で繰り返す。

　REM睡眠の時期は，脳波の上で覚醒に近似した状況を示し，野生動物や乳
児では覚醒していた時間に該当する。この時期には，夢を見ているといわれる。
成長につれて，断続的な睡眠時間は，一つに集約してゆき，生活時間として児
童期には午睡もなくなり，夜間にひとまとまりの睡眠をとるようになる。

　夜間の睡眠時間については，現代の子どもの時間はかつてより短縮してきて
いる。これにはテレビなど夜間の視聴や職住分離によって親の遅い帰宅など
種々の要因が考えられ，成人の生活時間に子どもの生活時間を合わせることに
よって，子どもの就寝時刻が遅くなることを引き起こしてしまっている。低年
齢の子どもにその傾向が著しいが，乳児や低年齢の幼児は，昼寝（午睡）をす
るなど断続的に睡眠時間をとる傾向があって，それによって夜間の睡眠時間の
短縮分を振り替えて総睡眠時間の不足を補っているのであろう。

　また，準備行動としての「就寝の挨拶」は，前述の「食事の挨拶」と同様に
自立標準（表3-2）より早期の傾向にある。

　「就寝前の排尿」では，排泄の習慣にも関連するものであって，紙おむつの

普及が子どもに排泄後の不快感をもたらさないため，就寝前に排尿のため便所に行く必要性を喪失させる可能性もある。ここで夜尿症の予防策として夜間の睡眠中に排尿のために起こすと，それによって夜間での排尿習慣が形成され，かえって夜尿症から脱却できない危険性をもつ指摘がある。また，育児の意識としても夜尿症候群（おねしょ）は，かつての強制的に抑止する方法から，後の子どもの精神発達を考慮しながら就寝前の排尿や薬物治療などの適切な生活指導・対策が打ち出され，一般には緩やかな方法による排泄訓練に切り替わっている方向にある。

③ 排泄行動についての習慣形成とその援助

　フロイトの肛門期にあたる事項で，排泄訓練（トイレット・トレーニング）の方策は，後の子どものパーソナリティ形成にも影響をもたらす。具体的には排泄物の種類によって，排尿と排便に分けられるが，子どもの社会化過程に重点をおくと，①自律的制御，②排泄行動の自立，の 2 点に分けられる。

　1 歳〜1 歳半頃には，たとえ言語表現は明確でなくとも，排尿や排便の事後通告や予告をする。おむつも 2 歳半頃にはしだいにしなくなる。乳児期での排泄行動は，生理的成熟に依拠し，初期では不随意的機能であるので，おむつの必要性が認められる。幼児期になると，排泄が自律的に制御可能となってきて，おむつの状態から離れてくる。4 歳半頃には，排便後に紙を自らが使用して清拭が可能となって自立が達成される。

　「おむつの不要」と「排尿・排便の予告」および「排尿・排便の事後通告」，さらに「夢中になっていてもそそう（尿漏れ）の消失」については，近年では自立標準より遅滞化する傾向にある。それについて帆足英一とプチタンファン編集部は，紙おむつの使用による排泄の習慣に対する影響することを指摘していた（二木ほか，1995）。つまり紙おむつに接触している臀部の皮膚部分による湿潤感覚が減少することで，1 回の排泄だけではその感覚を知覚できない。複数回の排泄によって排泄物がおむつ内に蓄積してから，重さや湿潤感から不快を知覚し，音声や態度で表現する。したがって，彼らの報告によると，かつてより子どもが不快感を訴える事後通告（告知）をする頻度が減少したり，通告

すること自体が失われたりする現象が生じてきたという。つまり事後通告の変化は，排尿反射や直腸内圧による緊張からの排泄による弛緩による生理的要因でなく，紙おむつの使用にともなった排泄後の快・不快によるものとなってしまった。

　排泄訓練の開始と期間について，峰岸功ら（1995）は，排泄訓練を始めた時期が2歳以下だと，自立に至るまでの過程が長引いて，9ヶ月以上かかる可能性が大きく，2歳以上になってから開始すると3ヶ月程度以内で終了する可能性があることを報告している。つまり子どもの生理的成熟に従ってから訓練するとよいことがわかる。

　夜尿症候群（おねしょ）の予防策としては，失敗してもよいから一晩寝ること，さらには夜尿症をしたことを叱らないことである。つまり夜尿症防止のため，夜間の睡眠中に排尿のために起床（覚醒）させてしまうと，その生活時間，つまり夜間での排尿習慣が形成されてしまって，却って夜尿症から脱却できないことにもなる。夜尿症候群とともに排尿にかかる行為の対処は，かつての強制的に抑制する方法・技術から，後の子どもの精神発達を考慮しながら就寝前の排尿を子どもに促すなど，穏やかな方策に切り替わっている。すなわち排尿の失敗の行為があっても，子どもを叱らないで，少しでもできた（たとえば失敗したことを言えた）ことをほめることが肝要である。

④ 着脱衣行動についての習慣形成とその援助

　着衣と簡略されることもあるが，履物や帽子までの着脱も含めて，便宜上衣服と一括して着脱衣としている。薄着など衛生・健康面にもかかわる重要な習慣行動である。

　概ね3歳頃にはパンツを一人ではくようになる。4歳半頃には，服の形態にも左右されるが，おおよそ自分で着る。

　「紐を前で，かた結びにする」については，近年には，山下調査から時代推移に伴って紐結びの機会が失われてきて，各年齢段階で成就者の割合が減少し，遅滞化してきた。かつて衣服の着脱には，紐を結ぶ・解く，を行っていたが，現在では，産着，和服，紐靴以外には，それらの行為がほぼ用いられず，子ど

もは紐結びをすることが難しくなった。一方で「パンツをひとりではく」ことを成就する年齢段階は，かつてより早期化している。それは，ボタンやゴム，伸縮性のある素材・織り方などによって着脱が容易に行えるようになったことによることが妥当とされる。つまり，そこにはボタンをとめる行動の経年変化がみられないこと。一方で紐結びの機会がなく習慣化が失われてきたこととも異なる。しかも指・手の巧緻性が成熟する年齢段階の変化によるものでもないからである。

　衣服が汚れ，ほころびが長期間続くようであればネグレクト（子育て放棄）が危惧される。

⑤　清潔行動についての習慣形成とその援助

　清潔にかかわる習慣行動の領域には，顔を拭く，口の中をきれいにする，食事前に手を拭く，食後に歯を磨くなどがあって，健康上の保持・増進にとって衛生上の問題から重要な意義がある。2歳半までには一人で手を洗う。4歳までには，顔洗い，鼻を，かむなどをするようになる。歯磨きをする幼児期の子どもの割合は，各年齢段階で，山下調査（1935-36）から西本調査（1963）を経て，さらに1987調査まで増加してきていて3歳半ごろには習慣化するようになってきている。

　「口ゆすぎ」を行うものは減少している。それは衛生観念の変容や，水だけによる口腔内の洗浄による行為より，歯磨きによって歯を刷掃する方が齲蝕の抑制に効果があること，しかもその刷掃習慣が糖分摂取制限よりも有効であったことが裏付けになっている。メディアおよび教育機関を通した歯磨きの奨励・啓蒙の教育作用によって，口ゆすぎが歯磨き（刷掃行動）にとって替わったと考えられた。

　この領域にある手洗いなどの習慣行動は，コロナウイルス，インフルエンザウイルスやO-157菌のような感染症が流行したときの予防行為として有効である。それらのことを日常から子どもを教育することによって，公衆衛生すなわち学校園全体および地域社会での全ての人びとの健康を維持することにもかかわる。さらに口臭・体臭がひどく，齲蝕が多かったり長期間入浴（身体を洗っ

た）した形跡がないようであれば，虐待とくにネグレクトを発見する指標ともなる。

　以上のような幼児期からの基本的生活習慣の形成などの保育・教育方法が，さらに重要であることを認識する必要がある。

参考文献

一色八郎（1990）『箸の文化史』御茶の水書房。

伊藤眞次・熊谷朗・出村博編（1997）『情動とホルモン』中山書店。

井原成男（1996）『ぬいぐるみの心理学——子どもの発達と臨床心理学への招待』日本小児医事出版社。

上田礼子訳（1980）『日本版デンバー式発達スクリーニング検査—— JDDST と JPDQ』医歯薬出版社（Frankenburg, W. K.（1967）*Denver Developmental Screening Test*, University Colorado Medical Center.）。

牛島義友・星美智子（1961）『乳幼児総合発達検査』金子書房。

エイムズ，L. B. ほか，高橋種昭・赤津純子訳（1987）『ゲゼル研究所の幼児の行動発達の評価』家政教育社（Ames, L. B., Gillespie, C., Haines, J., Ilg.F. L.（1979）*The Gesell Institute's Child from One to Six; Evaluating the Behavior of the Preschool Child*, the Gesell Institute of Human Development, Haper & Row.）。

エリクソン，仁科弥生訳（1977）『幼児期と社会』（1）みすず書房（Erikson, E. H.（1963）*Childhood and Society*, 2nd ed., Norton & Co.）。

太田龍朗，大川匡子責任編集（1999）『睡眠障害』（臨床精神医学講座第13巻）中山書店。

久世妙子・小嶋秀夫・松田惺・水山進吾（1987）『子どもの発達心理学』有斐閣双書。

クラウス・ケネル，竹内徹・柏木哲夫・横尾京子訳（1985）『親と子のきずな』医学書院（Klaus, M. H. & Kennell, J. H.（1982）*Parent-Infant Bonding*, 2nd ed., C. V. Mosby.）。

栗田啓子・佐藤芳彰・及川清・谷宏（1984）「う蝕罹患状態と幼児の生活習慣の地域差に関する疫学的研究」『口腔衛生学会雑誌』34(5)，556-575。

黒田実郎編（1987）『乳幼児心理学』柳原書店。

ゲゼル・トンプソン・アマトルーダ，新井清三郎訳（1982）『小児の発達と行動』福村出版（Gesell, A. L., Thompson, H. & Amatrude, C. S.（1934）*Infant behavior: its genesis and growth*, McGraw-Hill, New York.）。

ゲゼル，山下俊郎訳（1952）『乳幼児の心理学——出生より5歳まで』新教育協会（Gesell, A. L.（1940）*The First Five Years of Life*, Harper & Brothers.）。

斎藤耕二・菊池章夫ほか（1974）『ハンドブック　社会化の心理学——人間形成のプロセスと基礎理論』川島書店。

宍戸健夫・田代高英編（1979）『保育入門』有斐閣新書。

篠田有子（1989）「家族の就寝形態と性格」依田明編『性格心理学』金子書房。

柴田隆ほか（1992）『未熟児・新生児のプライマリ・ケア』金原出版。

司馬理英子（1997）『のび太・ジャイアン症候群』主婦の友社。

信田さよ子（1997）『一卵性母娘な関係』主婦の友社。

高橋恵子（1976）「母親のわが子に対する愛着の発達」『日本心理学会第40回大会発表論文集』，767-768。

津守真・稲毛教子・磯部景子（1961）『乳幼児精神発達診断法0才～3才』大日本図書。

津守眞・稲毛教子・磯部景子（1965）『乳幼児精神発達診断法3才～7才まで』大日本図書。

西本脩（1964）「山下俊郎氏の基本的習慣の再考」『保育学年報』日本保育学会。

西本脩（1965）「幼児における基本的生活習慣の自立の年齢基準」『大阪樟蔭女子大学論集』3。

西本脩（1969）「基本的生活習慣」牛島義友・阪本一郎・中野佐三・波多野完治・依田新『教育心理学新辞典』金子書房，174。

西本望（2001）「発達」木村忠雄編著『教育心理学のエッセンス』八千代出版。

西本望（2008）「人間形成の心理学的基底」武安宥ほか編『人間形成のイデア　第2版』昭和堂。

西本望・本玉元（2004）「関西圏における親子の世代間の生活規律・社会的ルール意識の位相研究」武庫川女子大学関西文化研究センター；2004年度文部科学省私立大学学術研究高度化（学術フロンティア）推進事業「関西圏の人間文化についての総合的研究——文化形成のモチベーション」。

Harlow, H. F. & Harlow M. K., 古浦一郎訳（1972）「サルの環境への適応（Social Deprivation in Monkeys）」『Scientific American 日本語版』日経サイエンス社：101-111。

ハヴィガースト，荘司雅子ほか訳(1995)『人間の発達課題と教育』玉川大学出版部(Havighurst, R. J. (1953) *Human Development and Education*, Longmans, Green, New York)。

二木武・帆足英一・川井尚・庄司順一編著（1995）『新版　小児の発達栄養行動——摂食から排泄まで／生理・心理・臨床』医歯薬出版。

ボウルビィ，黒田実郎訳（1976, 1991, 1977, 1981）『母子関係の理論』（Ⅰ　愛着行動，Ⅱ　分離不安，Ⅲ　対象喪失），岩崎学術出版（Bowlby, J., (1969, 1982, 1973, 1980) *Attachment and Loss*, Vol. 1 *Attachment*, Vol. 2 *Separation* Vo3. *Loss: Sadness and Depression*, Basic Books.）。

正高信男（1993）『0歳児がことばを獲得するとき——行動学からのアプローチ』中公新書。

峰岸功・高江恵・帆足英一（1995）「トイレット・トレーニングの誌上調査——開始年齢とトレーニング期間の相関を中心に」日本小児保健学会，第42回大会。

谷田貝公昭（1985）「箸の正しい持ち方・使い方の実態に関する調査研究」『家庭教育研究所紀要』6，小平記念会。

山下俊郎（1936）「幼児に於ける基本的習慣の研究（第一報告）」第1部食事の習慣『教育』第4巻第4號，岩波書店。

山下俊郎（1937）「幼児に於ける基本的習慣の研究（第二報告）」第2部睡眠の習慣『教育』第5巻第1號，岩波書店。

山下俊郎（1938）「幼児に於ける基本的習慣の研究（第三報告）」『教育』第6巻第9號，岩

波書店。

山下俊郎 (1939)「幼兒の着衣行動の發達 (日本心理学会第 7 回大会報告)」『心理學研究』第14巻特輯。

山下俊郎 (1943)「幼兒に於ける清潔の習慣の成立基準」『心理学新研究』松本博士喜寿記念, 岩波書店。

山下俊郎 (1965)『家庭教育』光生館。

山下俊郎 (1938)『幼兒心理學』巌松堂。

山下俊郎 (1971)『幼児心理学』朝倉書店。

山下俊郎 (1970)『幼児の生活指導 (保育学講座第 5 巻)』フレーベル館。

山下俊郎古稀記念論文編纂会 (1973)『子ども──その発達・保育と福祉』玉川大学出版部。

依田新・沢田慶輔ほか (1978)『児童心理学』東京大学出版会。

若井邦夫・高橋道子・高橋義信・城谷ゆかり (1994)『乳幼児心理学──人生最初期の発達を考える』サイエンス社。

Gesell, A. L., Ilg F. L. & Ames B. L. (1995) *Infant and Child in the Culture of Today*, Jason Aronson Inc. (1943).

Gesell, A. & Amatruda, C. S., Brazelton, B. T. (1988) *The Embryology of Behavior; the beginnings of the Human Mind*, Mac Keith.

（西本　望）

第4章

環境を通して行う保育

　　　　人間の成長や発達は，周囲の環境との相互関係によって行われるといって
　　　も過言ではない。つまり，それを切り離して考えることはできないのである。
　　　特に，乳幼児期は心身の発達が著しく，環境からの影響を大きく受ける時期
　　　でもある。このような時期にかかわる「ヒト・モノ・コト」との関係性が，
　　　その後の発達や人間としての生き方に重要な意味をもつことになる。そのた
　　　め，環境を通して育まれる，乳幼児期の直接的で具体的な生活や遊びといっ
　　　た経験を重視することが，人間として生きていくための基礎を培うことにつ
　　　ながる。
　　　　そこで，この章では現在，乳幼児教育において最も重視されている「環境
　　　を通して行う保育」という視点を，より具体的，実践的に考えていくことで，
　　　その学びが，それぞれの保育実践への道標となることを願っている。

1　保育における環境とは

（1）理念としての保育環境

　幼児教育の基本は「環境を通して行うもの」（「幼稚園教育要領」第1章「総則」）との認識は，保育現場においてはすで周知のことである。しかし「環境」という言葉がこれまで常に保育界で力説されてきたわけではない。もちろん，この言葉は乳幼児教育のあるべき姿を示唆し続けてきたが，その時々の社会状況の変化により，解釈や注目のあり方はさまざまであった。

　たとえば，1955年頃から20年近く日本は高度経済成長を遂げてきた。しかし，その一方で核家族化や都市化など急激な社会環境の変化のもと，家庭や地域社会での子育て機能が著しく低下し，子どもの育ちに歪みが生じるようになった。時を同じくして，環境問題が地球規模として取り上げられるようになり，大きな社会問題として「環境」という言葉が強調されるようになった。それを受けるかのように，保育界でも子どもと保育者のみの関係ではなく，広く社会環境

を含めた視点から「保育環境」を捉えなければならないという課題を背負うことになったのである。そこには，保育・幼児教育のあり方そのものを見直すことで，本来あるべき姿であった保育の理念としての「環境」へ戻そうとする意図も込められていた。

　なぜなら，当時，幼児教育に対する社会からの期待は増大する一方であり，そのため，保育者の指導力を中心とした指導型保育，いわゆる保育者主導の一方的な保育の展開という姿が多くみられるようになっていたからである。一方で，子どもの自発性や主体性，自由な発想を重んじるという保育の姿は影を潜めていった。

　「環境を通して行う保育」への見直しは，このような社会状況の中から提起されてきたのである。そこでは，保育者が指導する保育内容を，子どもが単に受け身的で効率よく活動を進めていくというものではなく，周囲の環境と自らかかわることでさまざまな発見や考えるという経験を通し，豊かな心，いわゆる「心情，意欲，態度」を培うということが求められたのである。

（2）子どもを取り巻く環境

　保育の営みとは，子どものもつ潜在的な可能性を信じ，それに働きかけることで人間形成の基礎を培っていくものである。それは同時に，人間の文化継承でもあるといえる。このような営みにおいて「環境を通して行うもの」とは，子どもの生活を最も大切にした保育であり教育である。子どもが保育者と共に生活をする中で，人や物などのさまざまな環境と出会い，それらとの関係性の中で自己の可能性を開いていくのである。子ども一人ひとりの潜在的な可能性は，生活を共にする人や場所において出会う環境によって開かれ，環境との相互作用を通して具現化されていく。それゆえ，子どもを取り巻く環境がどのようなものであるかが重要となってくるのである。

　しかし，環境を通して行う保育とは，遊具や用具，教材や素材，さまざまな素材等々だけを配置しても，その業を成すことはできない。

　たとえば，保育室に染め紙遊びの用意があったとしても，それらが置いてあるだけでは，興味や関心を示さない子どももいるであろう。そのような時，紙

に自分の好きな色を染み込ませて満足している友達の姿，あるいは，保育者自らがそれを楽しむという姿をみることにより，誘われて自分も紙を手にするようになるかもしれない。また，やり始めたものの，初めのうちは，その子どもなりのやり方しかできないかもしれない。しかし，さまざまな試行錯誤を繰り返すうちに，紙を水に浸す要領や，色を染み込ませるタイミングや量など，自ら気づき，考え，実践していくようになる。このような環境とのかかわりを通して，子どもは自らの手で素材や用具の使い方を獲得し，世界を広げていくことの充実感や満足感を味わい，発達に必要な体験を積み重ねていくのである。

「環境を通して行う保育」の意味を，保育者は，子どもとの生活の中で繰り広げられるさまざまな経験を通して，その理解を深めていく責任がある。

2 環境を通しての指導と援助

（1）指導的立場からの役割と指導法

幼稚園や保育所など，公の機関において行われる教育では，子どもの発達を見通したうえで教育目標を体系的に設定することが求められ，なおかつ頻繁に移り変わる社会のニーズにも合わせることが必要とされる。すなわち，けっして無計画で保育が行われるということはない。そこで，指導的立場，見守る立場，参加する立場の三つの立場から，それぞれの役割と指導法を考えていく。

まず，指導的立場から保育に参加する場合の指導法について考えてみる。

昨今，乳幼児教育においては，遊びの重要性が叫ばれ，子どもの主体性や自発性を重んじるあまり，保育者の指導性を前面に発揮する指導法はあまり歓迎されない＊。

> ＊内田信子（2012）は，長年の調査から，小学校の準備教育として行う一斉指導の中では，さまざまな知識や技術を伝授しても，その後の成長過程において，全くその影響はないという。その一方で，子どもの興味や関心を中心に保育環境を整えることで，子どもは自発的に遊びを通して自然に読み書き計算の意味や意義などを感得していくという。

確かに，子どもの成長や発達，学びに向かう力や人間性などを無視した形で

表4-1　指導を中心とした保育スケジュールの一例

① 毎日のクラス全体での「集会」を重視するため，その時間配分が多い
② クラス全体で行なわなければならない一斉活動
（朝の会，体操，本日の課題，等々）
③ スケジュールに従った活動構成（1日のスケジュールは決められている）
④ 活動の数の制限（たとえば3～5個程度の活動の中から，子どもは選択する）
⑤ 日と週のスケジュールは保育者によって決められる
⑥ 主導権は計画にある
（たとえば製作活動にも，製作・展示・持ち帰り等の日程が決められている）
⑦ 形式的な保育内容が多い
⑧ 子どもは楽しくないと感じてもやり方を会得しなければならない
⑨ 子どもは保育者によって指示されたことは実行しなければならない
⑩ 保育者はクラスの子ども全体に話しかけ，子どもは個人的に話す

指導性を発揮することに意味を見出すことは難しい。とはいえ，小学校へのスムーズな移行という課題の重圧から，不本意ながらもそのような方向に向かってしまう保育者の心理を，すべて否定することはできない。結局，何を目指し保育をするのか，という視点が重要になる。たとえば，基本的な生活習慣や安全への教育，文化の伝承や人権に関する教育，さまざまな知識や技能の基礎など，保育者の「伝えたいこと」を意図とした見通しをもつことである。

　また，保育の中で子どもたちがより多くの面白さに出会うためにも，保育者のもつ系統的な見通しは必要である。この見通しがあるからこそ，子どもの主体性を尊重し，生活や遊びの深まりを系統的に支えることができる。そして，これにより子ども自身の学びも深められていくのである。

（2）見守る立場からの役割と指導法

　次に，見守る立場から保育に参加する場合の指導法について考えてみる。

　この指導法を行うためには，それに対する保育者の深い理解と認識とが必要になる。たとえば，すべての遊びの原点は子ども自身の自発的な行動にあるということ，子どもの行うすべての遊びの教育的価値は等価であるということ，などである。そのため，保育者は，子どもの可能性と能力とを絶対的に信頼し，子ども自ら遊びを選択し充実させていくという過程を見守ることになる。

　つまり，子どもの主体性や発達の特性を考慮し，自由な選択を重んじるとい

表4-2　見守ることを中心とした保育スケジュールの一例

① 毎日のクラス全体での「集会」は極力短時間にする
② クラス内で行う活動も小グループが多い
③ 一応のスケジュールは立てているが，子どもの活動を見極め柔軟に対応する
④ できるだけ多くの活動選択を提供する
⑤ 子どもの興味や関心に従った個人的な活動展開の尊重
⑥ 主導権は子どもにある
⑦ 保育内容は柔軟
⑧ 子どもは主体的にやり方を会得し，好奇心を発展させる
⑨ 子どもは自分が選び決めたことは実行しなければならない
⑩ 保育者も子どもも個人的に話をする

う考えである。そのため，子ども自身が遊びを選択し展開していくまでの一切をゆだね，保育者はそのための保育環境を整え，側面的援助を通して見守る立場で保育に参加する。この指導法の根底には，子どもの可能性を信じるという信念が必要とされるが，そこが曖昧なままで実践に臨むと「放任」との批判も受けやすくなる。それゆえ，子どもが環境に能動的にかかわり，自発的遊びが十分に行えるよう，また，自由に創意工夫を行えるよう，一人ひとりの興味や関心に即した豊かで多様な環境を準備することが保育者には求められる。

　現在，遊びを通しての総合的な指導を行う中で，子どもの学びに向かう力や人間性などを育てることが叫ばれている。子どもは本来，生きることにおいて貪欲であり，未知なるものに対して知りたいとの欲求をもっており，知的好奇心旺盛な存在である。そのため，保育者は目の前にいる子どもの実態を把握し，子ども自らが主体的にかかわる環境を構成し，子どもを励ましつつも理解を深める存在として，見守るという立場での役割を担うのである。

（3）参加（対話）する立場からの役割と指導法

　最後に，保育者が子どもの遊びに積極的に参加（対話）するという立場からの指導法について考えてみる。

　ここでは，保育者自身の知識に基づき，子どもと相互に「対話」を繰り返しながら，積極的に保育へ参加するということが重視される。子どもの側から周りの環境との相互作用を展開させようとする指導法においては，参加する立場

表4-3　参加することを中心とした保育スケジュールの一例

① 毎日のクラス全体での「集会」は極力短時間にする
② クラス内で行う活動も小グループが多い
③ 子どもの活動を見極めスケジュールが構成される
④ できるだけ多くの活動選択を提供する
⑤ 子どもの興味や関心に従った個人的な活動展開の尊重
⑥ 主導権は子どもにある
⑦ 保育内容は柔軟で率直
⑧ 子どもは主体的にやり方を会得し，好奇心を発展させる
⑨ 子どもは自分で選び決めたことは実行しなければならない
⑩ 保育者は個人的に話しかけ，子どもはクラス（グループ）全体に話しかける

と見守る立場との相違はあまりない。しかし，保育者のかかわり方に特徴がみられる。それは，一人ひとりの子どもの可能性や能力を，保育者自身が最大限に信頼し，それに基づき，より具体的な保育展開を行うというものである。その際，保育者は子どもの自発性を引き出すよう，自分自身の知識に基づいた積極的な参加をする。つまり，主体は子どもであるが，保育者は子どもの遊びに自然な形で参加することにより，さらに遊びを深め展開させていくという方法である。そのため，保育者の人的環境としての十分な知識と経験は必要不可欠である。また，物的環境として，子どもが自由に自発的に遊びを選択し，自己実現や自己充実を目指した遊びの展開ができるよう，側面からの環境援助も非常に重要となる。さらには，子ども自身が提案した遊びのスケジュール（遊びの見通しや発展）を，自ら実践し達成できるよう，保育者の適切で積極的な参加のあり方も問われる。

　このように，保育者の明確な意識の下で初めて，的確な保育への参加の仕方が可能となる。そのため，豊かで深い遊びへと発展できるよう，子どもをよく観察しながら遊びに参加し，興味や関心をもつことができる質問や助言，ヒントやアイディアなどを子どもとの「対話」で行うことのできる保育者を目指さなければならない。

3　これからの保育内容と子どもを捉える視点

（1）連携の視点から捉える保育内容

　今回，改訂となった幼稚園教育要領，保育所保育指針，幼保連携型認定こども園教育・保育要領では，保幼小接続のための大きなキーワードとして，①カリキュラム・マネジメント，②非認知的能力（スキル），③アクティブ・ラーニングの三つが挙げられる。

　まず，①カリキュラム・マネジメントについてである。ここでは，乳幼児教育と小学校との学びの姿の連続性が重視される。そのため，「生きる力」を具体化するために「知識・技能の基礎」「思考力・判断力・表現力等の基礎」「学びに向かう力・人間性等」の三つの柱（資質）が設定された。この資質をどのように育てるかは，総合的な指導や子どものかかわる環境を構成する視点としての5領域「健康」「人間関係」「環境」「言葉」「表現」が中心となる。さらに，5領域の内容は，幼児期の終わりまでに育ってほしい具体的な10の姿に整理された。これらはけっして到達目標ではなく，育ってほしい具体的な姿であることを確認しておきたい。

幼児期の終わりまでに育ってほしい姿
①健康な心と体　②自立心　③協同性　④道徳性・規範意識の芽生え
⑤社会生活との関わり　⑥思考力の芽生え　⑦自然との関わり・生命尊重
⑧数量や図形，標識や文字などへの関心・感覚　⑨言葉による伝え合い
⑩豊かな感性と表現

　次に，②非認知的能力（スキル）についてである。これは，認知能力とは違い，目に見えにくいものであるが，学びに向かう力や姿勢，目標や意欲，興味や関心をもち，根気強く仲間と協調して取り組む姿や姿勢を指している。社会情動的スキルとも呼ばれているが，単に子どもの気質や性格と考えるのではなく，教育可能なスキルとして捉えることが重要である。そのため，保育者は対話を通して子どもの発想を豊かにし，考えを深めていけるような教育的援助が求められる。

最後に，③アクティブ・ラーニングについてである。これは「主体的・対話的で深い学び」のことであり，能動的な活動により，思考を活性化させる。保育においては，子どもが疑問に思ったことや不思議に思ったことを実際に「やってみる」「試してみる」という経験が大切になってくる。この経験を通して，さらに深く考えたり，お互いに意見を出し合ったりするのである。また，わかりやすく情報をまとめるという活動も思考を活性化させることにつながる。

（2）子どもを捉える視点と記録

　子どもの姿を捉えるとき，複数人からの視点で多角的に捉えることが大切である。また，そこに共通認識が可能となるドキュメンテーション（documentation）があると，さらに効果的である。たとえば文字や図，写真や録音，ビデオなどにより記録されたさまざまな関係性を，保育者間のみではなく，子どもや保護者，地域の方々など，広く開かれた中で用いるのである。なぜなら，作成されたドキュメンテーションを多くの人の目に触れやすいところに掲示することで，そこにコミュニケーションが生まれ，それをきっかけに保育に対する理解や子どもを捉える視点にまで発展させることが可能になるからである。つまり，ドキュメンテーションは豊かな保育実践を創り上げていくための大切なツールである。

　ドキュメンテーションと同様にポートフォリオ（portfolio）の存在も，子どもを捉える視点を豊かに育む。これは，対象とした子どもがどのような経験をしてきたのかを綴った記録である。そこには写真を用いたドキュメンテーションも含まれるが，中には子どもの絵や作品なども盛り込まれることがある。1年経ったときに，その子どもがどのような経験を積み重ねてきたのかがわかる記録となっている。

　また，ニュージーランドの保育カリキュラム「テ・ファリキ（Te Whāriki）」*では，ラーニングストーリー（learning story）と称する記録が用いられている。これは，子どもの学びを理解するための一つの方法として始められたものである。

＊ニュージーランドで統一されているカリキュラムのことである。このカリキュラ
ムは4つの原則と5つの要素が織り込まれ，それが具体的な保育実践へとつな
がっている。クラスの全員が同じことをするというよりも，子どもがやりたいこ
とをそれぞれサポートするという，子どもの個性を伸ばすことに重点をおいた教
育方針である。

　テ・ファリキとはマオリ語で絨毯という意味であり，さまざまな模様に織ら
れた絨毯のように，子どもとは多様な存在であるとの考えが根底にある。それ
ゆえ，子どもの発達も統一尺度で測るようなことはしない。そこでは，一人ひ
とりの子どもが経験していることを丁寧に記録することで，どのような学びが
あるのかを読み取っているのである。このような子どもの姿を点ではなく線で
捉えていく記録をラーニングストーリー（学びの物語）として蓄積することで，
面としての子ども理解へと広がりをみせていくのである。

（3）プロジェクト活動と子どもの育ち

　ドキュメンテーションを中心に展開されるプロジェクト活動として，イタリ
アのレッジョ・エミリア市で展開されている保育は，「レッジョ・エミリア・
アプローチ」＊と呼ばれ，世界的にも注目を浴びている。ここでは，子どもの
驚きや発見，興味や関心から，子ども同士，保育者や保護者，地域をも巻き込
み，「対話」を通して具体的な実践が繰り広げられる。たとえば，登園途中に
子どもが摘んできた花に対して，保育者は「どんな匂いがする？」「どんな
形？」「柔らかさは？」など，子どもとの「対話」を通し，それをドキュメン
テーションに残しながら，興味を示している花を中心にさまざまなプロジェク
ト活動が始まるのである。また，人とのつながりを重視するレッジョ・エミリ
ア・アプローチは「つながりの教育」「聞く教育」とも呼ばれ，常に子どもの
才能や可能性を最大限に引き出す姿勢が，プロジェクト活動を支える基盤と
なっている。

＊特徴として挙げられるものの一つとして「プロジェッタツィオーネ（プロジェク
ト活動）」と呼ばれる，4～5人程度のグループで展開される活動がある。これ
は決まったカリキュラムに沿って大人が子どもに教えるのではなく，子どもと大

人が協同でプログラムを創造し，子どもの興味や関心と探究を深化させていくものである。

　ここで，レッジョ・エミリア・アプローチの教育理念となっているローリス・マラグッツィ*の詩の一部を紹介する。彼は，レッジョ・エミリアで最初の市立幼児学校開校に貢献した教育学者であり，その後，市立乳児保育所誕生にも尽力した。また，「子どもたちの100の言葉」の展示会の考案者でもあり，革新的な教育哲学を推進し続けた。現在では，ローリス・マラグッツィ・インターナショナル・センターが設立され，レッジョ・チルドレンの活動の拠点となっている。

　　「でも，百はある」**
　　子どもには　百通りある。百の言葉　百の手　百の考え　遊び方や話し方
　　百いつまでも百の　聞き方　驚き方　愛し方　歌ったり，理解するのに
　　百の喜び
　　発見するのに　百の世界　発明するのに百の世界　夢見るのに　百の世界
　　がある。
　　子どもには　百の言葉がある（それからもっともっと）
　　けれど九十九は奪われる。〔以下省略〕

　　*レッジョ・エミリア・アプローチの起源は，市民が主体的に独立した幼児学校を設立・運営したところにあり，その中心にローリス・マラグッツィの存在があった。彼は，教育の可能性を広げることに尽力し，彼自身が名付けた「文化プロジェクト」という壮大な計画のリーダーとして活動した。イタリア政府文部省からは相談役に任命され，さらには「ゼロセイ」「バンビーニ」といった教育雑誌の編集長も務めていた。
　　**レッジョ・チルドレン（2012：5）より。1994年，ローリス・マラグッツィが亡くなった数か月後に誕生した「レッジョ・チルドレン」では，彼の詩が教育理念として掲げられ，教育哲学としてその基盤を支えている。

　ここでの子どものさまざまな「百」とは，無数の知識や表現方法の可能性をうたっている。つまり，子どもの興味や関心が学びへと発展していく営みこそ，プロジェクト活動であるというのである。しかし，保育のあり方によっては，

その多くが奪われることにもなるとマラグッツィは言う。これは，保育者の資質の問題にもかかわってくるが，子どもの興味や関心に，常に関心を寄せることのできる保育者の姿が求められるゆえであろう。

　結局，プロジェクト活動において重視される，子ども自ら日常生活の中で遊びを通してさまざまな物事を不思議に感じること，わからないことを面白いと感じること，興味や関心をもった物事について「どうなっているのか」と探究すること，物事に対して粘り強く取り組むこと，仲間と共に活動について考え省察することなど，そのすべては前述した「幼児期の終わりまでに育ってほしい姿」につながっていく。

　今後，子どもの未来に思いを馳せ，今，何ができるのかを常に吟味しながら，居心地のよい環境を子どもたちへ提供し，興味や関心に基づくさまざまな自己表現を可能にすることが，現在の保育者に求められる資質であるといえる。

参考文献

今井和子（2013）『遊びこそ豊かな学び』ひとなる書房。

内田信子・浜野隆編（2012）『世界の子育て格差』金子書房。

大宮勇雄（2009）『保育の質を高める』ひとなる書房。

大宮勇雄（2010）『学びの物語の保育実践』ひとなる書房。

ジェフ・フォン・カルク・辻井正編（2013）『プロジェクト幼児教育法』オクターブ。

森眞理（2013）『レッジョ・エミリアからのおくりもの　子どもが真ん中にある幼児教育』フレーベル館。

レッジョ・チルドレン，田辺敬子・木下龍太郎・辻昌宏・志茂こづえ訳（2012）『子どもたちの100の言葉』日東書院本社。

（猪田裕子）

第5章

幼児の生活・遊びと保育

　　　　子どもの成長にとって，切っても切り離せないのが生活と遊びである。
　　　日々の生活の中で遊びが中心となり，子どもの育ちを支えている。本章では，
　　　幼児の生活と遊びに焦点を当て，事例をもとに，幼児の姿や援助を考える。
　　　また，幼児の生活や遊びの何を大事に保育するのか？　子どもの必然性に気
　　　づく援助を考える。
　　　　「幼稚園教育要領」では，幼児期における教育は，環境を通して行うもの
　　　であることを基本とし，遊びを通しての指導を中心としている。環境を通し
　　　て行う保育とは，日々の園生活の中で，さまざまな環境に子ども自身がかか
　　　わり，主体的な生活を送ること。また，生活の中で幼児自身がさまざまな体
　　　験を積み重ね，達成していくことを目的としている。
　　　　昨今，子どもたちの社会的背景が多様化するにつれ，幼稚園の役割も多種
　　　多様となっているが，その中で幼児教育の重要性を見直していかなければい
　　　けない。そこで，本章では子どもの生活と遊びを保障するための，幼稚園現
　　　場でのアプローチについて述べたい。

1　幼児の生活とその援助

（1）幼稚園の一日と園生活

　幼稚園の一日は，子どもにとって集団生活の場である。○○組というように
クラス分けされ，そのクラスで一日を過ごす。保育・教育の場で集団生活は大
きな意味をもつ。友達と一緒に――またはクラスの中の一人として――一人ひ
とりの子どもの成長がある。子ども一人ひとりの成長をクラス担任は集団の中
で育てていくのである。

　それでは，集団生活を過ごす場として一般的な幼稚園の一日を紹介する。

　こうした一日一日の積み重ねが，1年の園生活をつくっている。朝登園して
きて先生と挨拶をする。その挨拶で「今日の○○ちゃんは元気だな」「今日は
元気がなかったな」などに気づく。そもそもなぜ挨拶をするのだろう。挨拶を

することで，どのような効果があ
るのだろう。それを子どもたちに
伝えることが一日の始まりではな
いかと思う。たとえば，「先生，
おはようございます」「○○くん，
おはようございます。今日も元気
に幼稚園にきてくれて嬉しいわ。
昨日ブロックで作った飛行機の続
き，今日も作って見せてね」。そ
んなありふれた会話の中に，挨拶

表 5-1　幼稚園の一日（例）

```
9：00〜順次登園
        自由に遊ぶ
        ・ブロック・積み木・ままごと
        ・お絵描き　など
10：00〜朝の挨拶や出席点呼
10：30〜クラス全体の活動
        ・リズム活動・製作・ゲームなど
11：30〜昼食準備・昼食
12：30〜外遊び
13：30〜降園準備
        ・絵本を読む・歌を歌う
14：00〜降園
```

から出発する子ども一人ひとりの姿がある。先生に声をかけてもらった。先生
とこんな話をした。そうしたことが，子どもにとっては一日の園生活の支えと
なっている。挨拶をすればよいというのではなく，挨拶が子どもとの関係をど
のように築いていくのかといったことが援助である。

　一日の始まりをどのように迎えるのか，それは，子どもだけでなく，保育者
にとっても同じである。楽しく過ごしてほしいと願うならば子どもも保育者も
楽しくなるような一日の始まりを，そして「楽しかった」と言って帰っていく
ことのできる一日の終わりを子どもと一緒に過ごしていくことが必要である。

　幼稚園の一日は一般的に，保育者が組み立て，子どもはその組み立てられた
生活の中で過ごす。そして，節目節目に行事を計画し，1 年間を組み立ててい
く。また，一日の生活においてクラスで活動するゲームや製作活動，リズム遊
びなどは，子どもたちが楽しんでその活動に参加していくことができるよう，
保育者の意図的な配慮をもって行われる。しかしその活動も，一日一日が途切
れるものではなく，今日の活動が明日へ，明日の活動が明後日へというように
保育は流れているのである。昼食や降園準備など毎日行われる場面であっても，
子どもにとっては日々の積み重ねである。だからこそ子ども一人ひとりの園生
活を大切に送ることが重要なのである。

（2）保育の中のあんなことこんなこと：生活編

【事例1：お母さん，あのね（3歳児　女児）】
　幼稚園に通うAちゃんは，担任の先生が大好きである。夕食時お母さんに，「A
ちゃんの先生ね，○○先生って言うの。すごいかわいいんだよ。それでね，○○先
生はいつも，こうやって（髪の毛を2つにくくっていることをやって見せる）こう
やって，くくってるの。だから，明日はAちゃんもこうやってくくってね」とお母
さんに話した。その日以来，Aちゃんはずっと担任の先生と同じ髪型で嬉しそうに
登園している。

　事例1のように家に帰ってからも，Aちゃんの園生活は続いている。一日の
園生活は，幼稚園を出て終わりではない。家に帰ってからも，幼稚園という場
や幼稚園での人間関係や出来事が続いており，子どもの生活を支えているので
ある。幼児期の生活においては，家庭が基盤にあり，幼稚園生活を通して徐々
に，家庭の外へと向けられていく。家庭生活と園生活が連携し，子どもたちの
経験を積み重ねていくのである。

【事例2：昼食時（4歳児　男児）】
　お弁当の時間を楽しみにしているEくん。お弁当の準備を済ませ，机の前に座っ
ていた時，ひじがあたって，お茶をこぼしてしまった。Eくんは，どうしようといっ
た顔になったが，先生にお茶がこぼれたことを話した。

　事例2は日々の生活の中でよくある出来事である。この場合，あなたが保育
者であれば，どのようにかかわるだろうか。こういった子どもの失敗をどのよ
うに受け止めるだろうか。次の言葉かけ一つで子どもの経験することは変わっ
てくる。たとえば，「だめでしょ」など注意の言葉をかけていると，顔色をう
かがってしまうような子どもになるかもしれない。しかし，「次はこぼさない
ようにしようね。こぼさないようにするには，どうしたらいい？」などのよう
な言葉かけであったらどうだろうか。こぼさないように自分で考えるかもしれ
ない。子どもが主体的に解決できるように，また気づくことができるような生
活の手助けが大切である。事例2でもあるように，Eくんにとってはお弁当が
楽しみの時間であるから，この楽しみにしている時間を奪わないために，こう

した生活のかかわりは大切なのである。生活の中で叱るべきことではないことも、注意の言葉や叱るといったかかわりになっていないだろうか。また、同じように私たちは、毎日の生活の中で「早くして！」「ちゃんとして！」と何度も口にする。しかし子どもたちにとっては、なぜ早くしなければいけないのか。ちゃんとするってどういうこと？　といった疑問さえ出てくるだろう。子どもが、靴をはくことや、タオルをかけるといった日常生活の中で子ども自身がするべきことの時間や方法にゆっくりと向き合っていくということ。こうした日々の生活の中の小さな事に目を向け、どのようにかかわるか、どのように失敗を受け止めるかということを考えてほしい。

【事例3：けんか（5歳児　男児）】

　いつも仲の良いKくんとRくんが、ある日保育室の隅でけんかをしている。理由を聞くと、KくんはいつものようにRくんと一緒に遊ぼうと思い、Rくんのところに行った。するとRくんは「今日はAくんと遊ぶ」と言ってどこかへ行ってしまった。しかし、KくんはRくんと一緒に遊びたかったので、Rくんに「じゃあ一緒に遊ぼ！」と言ったが、Rくんは困った様子をしたという。その後、「一緒に遊ぶ」「遊ばない」と言い合いになったということだった。

　保育の中でけんかはよくあることだが、事例3のように5歳児になると子どもはお互いの意見を言い合うことができる。この関係というのは、子どもにとってとても必要である。相手に気持ちをぶつけるということが、子どもの生活の中でどれだけあるだろうか。相手の存在を認識し、相手に対する気持ちが育ち、そして、相手の気持ちにも気づく。けんかによって子どもの心の成長がみられるのである。仲直りをさせなければと思う保育者もいる。子どもたちのお互いの気持ちを橋渡しする保育者もいる。けんかの様子を見守る保育者もいる。年齢によってもいろいろなかかわり方があるのでどれが正解というのではない。しかし、けんかだけでなく一日の生活の中で、子どもの思いや考え、欲求が表現できるという環境や人間関係であることが、子どもの成長を支えているのである。

（3）幼児の生活の保障

　倉橋惣三は、『幼稚園真諦』の中で、「生活を、生活で、生活に」と述べる。
今ある幼児の生活を、今ある生活の中で、よりよい生活にしていく。これが、
保育だと述べている。つまり保育そのものが、幼児の生活である。倉橋は子ど
もの生活の中に幼児教育を入れるのだと述べ、生活に即した保育を追究してい
た。幼稚園という場所は、保育者と幼児が共に生活する場所であることを念頭
に置き、よりよい生活をつくりだしていくのである。幼児の「お腹すいた」
「○○おいしいね」「〜して遊びたい」「ちょっと休憩」といった幼児自身から
発せられる欲求を十分に満たすことや、自己決定・自己選択できる場が生活の
基盤を作り、主体性を促す。またさらには物事に取り組み判断し、問題解決で
きる自律した人間形成につながっていく。では、生活の援助とは何をしたらい
いのか。一人ひとりの子どもの発達段階や時間の流れは異なる。「みんな一緒
に」が時には、子どもに負担をかけてしまうことがあるため、子ども自身が自
ら生活を送ろうとする姿に寄り添い、手助けしていくのである。なぜなら園生
活において、あくまでも生活の中心は子どもたちなのだから。

　倉橋の言うように、保育そのものが幼児の生活であると考えるならば、子ど
もの生活を子どものペースで保障してあげることが重要である。日常の生活の
中で、子どもが不思議に思ったこと、発見したこと、驚いたことなどの興味関
心は、一人ひとり時間も段階も違う。しかし子どものあらゆるものを受け入れ
ていこうとする姿、体験する姿を観察し、保育者がどれだけ向き合っているか。
その事象をクラスの中や保育者とどれだけ共有しているかといったことが、子
どもの生活を保障することではないだろうか。子どもの生活を保障するという
ことは、子どもの成長の喜びを分かち合うことである。だからこそ、子どもの
生活の小さなことに目を向け、子ども自身がゆっくりいろんな体験を積み重ね
ていくことが、子どもの成長にとって大切なのである。

2　幼児の遊びとその援助

（1）保育の中の遊び

　「先生，私を探して。どこにいると思う？」と保育者に声をかける。保育者は，その子どもをすでに見つけている。なぜなら，その子どもは隠れているつもりなのだが，大人から見るとお尻や頭が見えているのだ。しかし，保育者は「○○ちゃんはどこかな？」と言って，探すふりをしながら，子どもとのやりとりを楽しむ。こんな子どもの姿に出会ったことはないだろうか？　これは，子どもと保育者のいわゆる『かくれんぼ』遊びである。「かくれんぼしよう！」と言って始まった遊びではないが，子どもにとっては，かくれんぼをしているのである。こうしたことが，子どもたちの生活の中によく出てくる。子どもにとっての遊びは，生活そのものであるが，子どもたちは，遊びを通して自分の生活を創りあげていくのである。またこうした場面も出会っていないだろうか？　「先生，これできたら遊びに行ってもいい？」と保育者に聞く子どもである。たとえば行事の前などに，製作活動を取り入れる。保育者は子どもが楽しく行事を迎えられるように，あれやこれやと導入を考え，子どもと準備を進める。もちろん保育者は製作活動も子どもにとっての遊びと考え，楽しく進めていく。しかし，子どもから「これ終わったら遊びに行っていい？」と言われた瞬間，現実を目の当たりにする。保育者はいつもこうした葛藤と戦っているのである。神田英雄は『幼児とあそび』（第2章　保育の中のあそびとは）の中で，保育者が保障したい遊びとは，子どもたちの主体的な意思で継続し続けようとする活動とその中での精神の躍動が感じられる活動だと言っている（秋葉ほか，1994）。つまり，「これ終わったら遊びにいってもいい？」と子どもから発せられるような遊びは，子どもの主体的な意思で継続される活動ではなく，精神の躍動感もないということである。精神の躍動とは子どもにとって，おもしろさの基礎であると言っている。しかし，おもしろさ，楽しさは子どもによって違う。たとえば前述にあった保育者とのかくれんぼも，ある子は，たくさんの友達とかくれんぼするほうが楽しい！　という子もいるかもしれない。

また，後者の製作活動についても，製作活動が好きな子もいる。子どもによって同じ遊びであってもおもしろさ，楽しさの内容は違うため保育をする保育者としては，保育の中の遊びと日々格闘しているのである。

　よく「遊びとは自発的なものでなくてはならない」と言われるが，この言葉にもまた保育者は悩むのである。自発的な遊びと保育者が意図する遊びは何が違うのか？　また子どもたちの自発的な遊びをどのように保育の中に取り入れるのか？　など何年経っても悩みはつきない。しかし，保育の中の遊びはどちらも大切なのである。目の前の子どもの姿を見ながら，また子どもの今の興味関心を捉えながら，保育者の意図的なかかわりをし，遊びを展開していくことが必要である。この遊びのプロセスにいつもかかわり子どもと一緒に遊びを考えることが保育をつくっている。ここで保育者の意図的なかかわりということであるが，保育の中での遊びの意義や援助についてはさまざまに論議されているが，「発達」「人とのかかわり」「子どもの周りにある環境」等の視点から保育者の援助によって，子どもたちの成長を支えていくのである。このことは，小学校教育とは大きく異なる点であり，幼稚園教育の根幹である。「幼稚園教育要領」にも，遊びを通しての総合的な指導と記されるように，保育の中心になるのは遊びであり，主体は子どもである。先述の自発的な遊び論や保育者の意図する遊び論においても，どちらが正解というのではなく，神田の言うように，保育の中で子どもの主体的な意思がどれだけ込められているか？　おもしろいと感じているか？　ということを捉えながら，保育の中の自分自身の遊び論，つまり保育観をつくっていくことが大事なのである。

（2）保育の中のあんなことこんなこと：遊び編

【事例4：スパイダーマン登場！（年中クラス）】
　クラスの中で，“スパイダーマン”が流行っていた時のこと。保育者は，前日に保育室一面（天井から床，壁すべて）白いひもでくもの巣を作った。保育者は，子どもたちがどのような反応を示すのか不安と楽しみでいっぱいだった。
　次の日の朝，子どもたちが登園してくると，「せんせい，大変！　スパイダーマンがりす組にきたみたい」「くもの巣や！」「スパイダーマンいないよ」などと口々に

話す。通園かばんをロッカーに置きにいきたいが，保育室中くもの巣で，部屋に入ることができない。それよりも，子どもたちはスパイダーマンがきたと言って興奮し，いろいろなことを想像しながら話している。保育者はその様子を見ながら，クラス全員が登園してきたところで，スパイダーマンごっこをスタートさせる。

　今，子どもたちの中で興味を示していること，また流行っていることを捉え，これを保育の中で生かせないかと考えることは，保育者の楽しみの一つかもしれない。事例4にもあるように，考えてみたものの子どもたちはどのような反応を示すのか……そしてその反応によりこの遊びはどのようになっていくのか。あれやこれやと予想し，また予想したことも子どもたちによって変えられていく。そこでまた新しい遊びを子どもたちと楽しんでいく。これが保育の中の遊びである。つまり，保育者と子どもたちが遊びを創りだしていくプロセスを共にしているのである。

【事例5：段ボール遊び（年少クラス）】

　保育教材が入っていた段ボールを保育室の中で，材料箱に移し替えていると「先生，この段ボール使ってもいい？」と言うTちゃん。「いいよ」と言うと，すぐさまその段ボールの中に入り，キャッキャッ言いながら遊んでいる。子どもたちの様子を見て，保育者が「あといくつか段ボール持ってこようか？」と言うと，クラスの子どもたちが大盛り上がりになった。倉庫にあったいくつかの段ボールを抱えて，保育室に行くと子どもたちは段ボールに飛びつき，一斉に段ボールの中に入りだした。そのまま移動したり，友達の段ボールと合体させたり，段ボールの中でくすくす笑ったり，とても楽しそうにしていた。そこで保育者は一日の保育の予定を変更し，段ボールの遊びをさらに提案していった。電車ごっこや，かくれんぼ，トンネル遊びや，ゲーム……というように，一日段ボールを使い遊んだ。

　事例5は，子どもたちから発信された遊びを，保育者がしっかりと受け止め，さらに楽しい遊びへと導いていったという様子である。はじめは子どもたちがはじめた遊びだが，保育者の提案によって遊びがどんどん発展していく。しかし変わらないのが楽しく遊んでいるのは子どもであるということ。もし，段ボール遊びをやめさせ，保育者が考えていた一日の保育の予定を遂行させていたら，子どもたちはどうだったであろうか？　冒頭で述べたように「終わったら遊びに行ってもいい？」と聞いたかもしれない。その遊びも楽しんだ，でも

また段ボールも遊びたいという気持ちになっているかもしれない。いろんな予測もできるが，事例5は「今目の前にいる子どもたち」を見ながら遊びを取り入れていく保育者の意図的配慮が，子どもたちにとって楽しい遊びになったのだろう。

【事例6：友達と……（年長児）】

　YちゃんとFちゃんが，折り紙を折りながら，仲良く遊んでいた。Yちゃんが，ポシェットを作っていたので，Fちゃんも「私もポシェット作りたい」と言い，Yちゃんが一緒に折りながら教えていた。Fちゃんが「じゃあさ，お金も作ってお店屋さんいこう」と言って提案したが，Yちゃんは，「いやよ。だって，これはお家に持って帰ってお母さんにあげるの」と言って，何個もポシェットづくりをしている。Fちゃんは，寂しそうに，自分もポシェットづくりをした。その後，クラスの女の子たちが"はないちもんめ"をしようと2人を誘い，今まで折っていた折り紙をすぐに辞め，Yちゃんは，走って行った。そのあとを追うようにFちゃんも走って"はないちもんめ"に参加したが，誰と手をつなぐか，誰のグループに入るか？　誰を呼ぶか？　など遊びがとぎれてしまう。その様子を見て，保育者も"はないちもんめ"に参加し，遊びをリードした。

　保育の中での遊びの意義の一つに友達とのかかわりがある。保育者は遊びの中で，友達同士のかかわりを支えていく。特に事例6のように，年長児になると，仲間意識も深まり，自分の言いたいことや思いがぶつかり合う時がある。遊びの中ではこうしたぶつかりも大切なことである。特に年長組の女の子たちは「誰かと一緒」にということや，「みんなで」ということにこだわり，そのためぶつかりも多く生じる。事例6では，この問題を解決するために遊びの中で解決するという保育者の意図も読み取れる。わざわざ当の本人たちを呼び，理由を聞いたり，説得をしたりする解決法も一つであるし，クラスの中でみんなで一緒に考えるというのも一つであろう。子ども同士のぶつかり合いを保育者がどのように捉えるかということが重要である。このぶつかり合いを子どもの視点から見た場合，同年齢の関係から学ぶもの，遊びから学ぶものは大きい。遊びの中には偶然引き起こされる事象，すでにある事象，これからつくられる事象が絡まって，そこにいつも遊びと人とのかかわりが深く結びついている。

（3）遊びの提案・遊びの共有も援助

　子どもの自発的な遊びを尊重しなければと，子どもの遊びを見守り，なんとかこの遊びをクラスの中でできるよう頭を悩まし，あれやこれやと試してみる。また行事のためにしなければいけないことがたくさんあり，保育者の指示に終わってしまう場合もある。しかし，保育者もクラスの一員であり，子どもたちと同じ仲間である。クラスの仲間として一緒に遊ぶ。仲間として遊びの提案もする。すると「こんなことしてみようよ」という保育者の提案が遊びのヒントになっていく。そして，保育者として意図的なかかわりをしながら，遊びを展開していくのである。その遊び（活動）が誰から発信されるのかということばかりを考えるのではなく，保育者の「こんなことしたら面白いのでは？」「楽しいこと考えた！」が子どもの遊びとつながる保育であってもいい。子どもが「これしたい！」「しようよ！」と誘いかける保育があってもいい。そしてその遊びが，一人よりも二人，三人と増えていき，クラスで遊びを共有する活動になる。楽しさや喜び，悔しさを共有する。楽しいことを考える。こうした遊びのプロセスを子どもと一緒に楽しむことが独自の遊び論，保育観をつくっていくのである。

　ここでこれまで述べてきたことを踏まえて，遊びの援助についてまとめると，五つのキーワードが考えられる。

　1．子どもの感情や情動に働きかける援助（共感も含む）。
　2．クラスの人数に合わせてまとめる力。
　3．子どもの表現や言葉などをどれだけ引き出せるか。
　4．子ども自身で遊びや環境を構成したり考えていくことのできる援助。
　5．子ども同士のぶつかりあいや，子どもの葛藤を重要視する。

　すべてがこの五つに当てはめられるというわけではないが，遊びを援助する際には欠かせない視点である。

3　保育の中の自己選択・自己決定・自己責任

　日々の保育の中に子ども自身が選択し，決めて行うことがどれだけあるだろ

うか。子どもの生活を子ども自身ができるだけ自分で行えるように援助することが大切である。ただ全て子どもに任せるということではない。見守ること，教えること，一緒に参加することなどその時々で保育者のかかわりは変わってくる。しかし共通していえることは，いつも主体は子どもなのである。また，遊びも同じである。遊びたいという気持ちから，遊んでいる自分に至るまでどれだけの選択を強いられ，決定することができるのだろうか。「子どもが〜する」ことを決めるための道筋を保育者が手助けしていくのである。幼稚園教育要領の中にも，子どもの自己表現を大切にする箇所がたくさんある。しかし，子ども自身の自己選択，自己決定がなければ自己表現につながらないのである。自分で決めたことだから責任をもつことができる。これが保育の中における自己責任である。

　それは私たちにも言えることである。特に私たちは保育・教育をする（される）立場であり，あらゆる場面で判断をしなければいけないときがある。子どもにとってどのような援助，方法がよいのかと選択し，決定していくのだ。それがよい方向に導かれる場合と，こうすればよかったという後悔の方向に導かれる場合がある。しかしその保育者の自己選択，自己決定により保育することの責任が生じるのである。何かができるようになることを望む前に，子どもが生活の中でたくさんの自己決定を通して，園生活を送る意欲や遊びに参加する意欲を積み重ねていきたい。

参考文献

秋葉英則・神田英雄・勅使千鶴・渡辺弘純（1994）『幼児とあそび――理論と実践』旬報社。
阿部明子・中田カヨ子編著（1999）『《改訂》幼児教育指導法――保育における援助の方法』
　　萌文書林。
倉橋惣三（2008）『幼稚園真諦』フレーベル館。
文部科学省（2008）『幼稚園教育要領』。
文部科学省（2008）『幼稚園教育要領解説』。

（猪田裕子）

第6章

保 育 形 態

　　保育とは，子どもと保育者との直接的，間接的なかかわりの中に生み出さ
れるものである。保育者は，子どもが生活をする環境を整えることにより，
子どもの豊かな育ちを保障していかなければならない。この子どもの学びの
環境をどのように整えるかを考えることが，保育形態を考えるということで
あり，保育方法を考えることでもある。また，保育形態を考えることは，今，
目の前にいる子どもに，保育者はどのような育ちを期待し，どのような力を
育みたいと考えるかという保育のねらいを考えることにもつながる。保育者
は子どもの姿，保育のねらいによって，多様な保育形態を使い分ける必要が
ある。
　　本章では，保育形態を考える際の保育者の基本的姿勢と，個と集団の育ち
への保育者としての視点，また，遊び，子どもの生きた学びを支える保育者
の配慮について考える。そして，子どもの学びを軸とした保育形態だけでな
く，社会的必要から生まれた保育形態についても取り上げ，さまざまな保育
形態と子どもの豊かな人間的成長を保障する保育について共に考えたい。

1　幼児教育・保育方法と形態

（1）保育方法としての形態

　保育とは一人ひとりの子どもが安心してのびのびと自己を発揮し，友達や保
育者と共に喜び，ぶつかり合い，笑い合う中でそれぞれが育っていく営みであ
る。保育は子どもへの働きかけから生まれる。しかし，保育者の思いのみが先
立つのではなく，幼児教育・保育の中心には子どもが据えられなければならな
い。子どもから保育が始まることを私たちはまず，認識しておく必要がある。
　「子どもには特有のものの見方，考え方，感じ方がある。そのかわりにわた
したちの流儀を押しつけることくらい無分別なことはない」（ルソー，1962：
125）とルソー（J.-J. Rousseau）が言うように，子どもは大人とは違った角度，
仕方で日々の生活の中からさまざまなことを学びとり，成長していく。この世

に誕生して間もない初々しいいのちは，生きていくことに貪欲である。子ども
は見るもの，聞くもの，自分の周りにあるすべてのものから何かを学び，吸収
していく。活動的で，好奇心旺盛な子どもは，生まれてきたこの世の中のこと
を学びたくて仕方がないのであり，小さないのちは懸命に輝いているのである。
その輝きを無駄にしないために，保育者はどのような保育を行えばよいのであ
ろうか。

　幼稚園教育要領に，幼稚園教育の基本は「環境を通して行う」ものと保育の
方法が示されている。子どもは日々の生活の中で，実際に自分でやってみて，
そこからさまざまなことを感じ，学んでいく。子どもは生活の中でさまざまな
問題を解決するために学ぶ，つまり，子どもは生きていくために必要で重要な
学びを，生活の必要感に支えられて学ぶのである。そして，保育者が整える保
育環境は子どもが過ごす生活環境となるのであり，それはそのまま子どもに
とっての学びにつながる。つまり，保育者は子どもに何かを教えるということ
以上に，いかに子どもが自ら活動したくなるような環境を整えることができる
か，いかに子どもたちが豊かな生活と活動を創造することのできる環境を整え
ることができるか，ということが保育者の重要な働きとなるのである。

　子どもは幼稚園・保育所という場で家族以外の他者やさまざまな環境とのか
かわりの中で育つ。そして，その環境を整えるのが保育者である。環境を整え
るといっても，人的環境，物的環境，自然や社会の事象など環境にはさまざま
あり，子どもは人やものとのかかわり，つまり生活そのものの中で学び，成長
していく。そのかかわりをどのように豊かに用意するかを考えるのが保育方法
を考えることであり，その方法を具現化したものが保育形態である。つまり，
保育形態は保育の方法であり，保育者は目の前の子どもをよくみて，目的と状
況に応じて多様な形態を柔軟に使い分け，子どもと共に保育をつくりあげてい
く必要がある。

　保育形態はさまざまあり，保育者はそれらを整理して認識しておくことが重
要となる。そして，保育のねらいや目的，また子どもの状況に応じて保育の形
態を考え，保育を豊かなものに創造していくことが大切であり，その際，けっ
して保育が細切れで断片的なのものにならないよう，子どもの生活が自然に流

れていくように配慮することが重要になる。多様な保育の形態を知ることは，子どもにふさわしい保育を進めていく手助けとなるものである。森上史朗は保育形態を以下のように4つの観点から分類，整理している（森上，1981：178）。

① 活動の人数の構成から
　・個の活動　・グループの活動　・クラス一斉の活動　・園全体の活動など
② 活動の自由度から
　・自由な活動　・設定活動　・課題活動　など
③ 保育者の働きかけから
　・自発的　・誘導的　・教導的
④ クラス編成の上から
　・年齢別　・縦割り　・横割り　・オープン

　子どもにどのような育ちを期待し，保育のねらいをどこに置くかで保育の形態は違ってくる。形態が先ではなく，子どもが健やかに自己を発揮し，成長していくために，今，どのような保育をするのが有効であるのかを考えることから，保育の形態を捉えなければならない。そして，保育の形態を考える際に，保育のねらいや目的とともに考慮しなければならないのが時期である。

　たとえば4月の入園，進級して間もない頃は環境が変わり，子どもたちが不安定な状態になりやすいといったことが考えられる。このような時期には，保育者が活動を展開させていく保育形態の方が情緒的に安定し，落ち着いて活動できることが予想される。保育者の働きかけにより，クラスの友達や保育者と活動することで徐々に自分のクラス，保育者に愛着をもち，園生活に親しむことができると思われる。また，同じ活動をする子どもの姿から，保育者はそれぞれの子どもの特徴や課題を把握することも可能となる。そして，次第に自分のクラスや保育者に親しみを覚え，環境に慣れ親しんできた頃には，子どもが自由に自己を発揮して遊ぶことができるよう，活動を子どもの主体性に任せた保育形態，自由度の高い活動形態にしていくことが大切となる。また，卒園を

控えた時期に，保育者の指示がないと活動できない，みんなで取り組む活動に参加できないといった状態では困るのであり，保育者は子どもの自発的な活動を尊重し，保障しつつも，時期やねらいを常に考慮しながら保育の形態を考え，子どもの育ちを確かで豊かなものにする活動を保育の中に取り入れていくことが求められるのである。

いずれにしても，子どもが安心して保育の場で生活を送り，多様な種類や質の活動を経験できるように保育者は保育形態の問題を考えなければならないのである。

（2）子どもの自由な活動を支えるさまざまな保育形態

保育とは一人ひとり違う存在である子どもの育ちを見つめ，引き出すものである限り，自由な雰囲気のもとで行われなければならない。子どもは一人として同じではなく，それぞれ違う人間である。保育の原則は子どもの自己活動に基づく自己充実を援助することである。保育者は一人ひとりの子どもの自由な活動を保障しなければならない。

子どもは好奇心旺盛であり，自ら学びたいという気持ちが強いと同時に，教えてもらうことも大好きである。また，保育は集団生活の場であり，基本的生活習慣の獲得をはじめ，それぞれが快適に生活をしていくためのきまり，社会的ルールを保育者が伝えていくことも重要となる。子どもが自由に活動する，つまり，自由感をもって活動するためには，集団生活におけるきまりやルールを知り，守ることが不可欠であり，子どもの活動に制限を加える必要があることも出てくる。そのため，子どもの自発的な活動における主体的な学びと共に，保育者が主体的に子どもに働きかけていくことも必要となる。また，子どもに伝えたい知識や技術，行事等，保育者の働きかけから生まれる活動は，子どもの生活経験を豊かにし，社会の中で生きる一員になるために重要な意味をもつ。

また，子ども主体の自由活動を中心とする保育形態であっても，保育者は子どもの活動を見守りつつ，必要に応じて環境を整え直したり，遊びに参加し，子どもが困難な場面に遭遇したときなどには一緒に解決策を考えていくといったことが大切である。このような意味においては，子ども主体の活動形態であ

りつつも，保育者も主体的である必要がある。

　そして，活動展開の主導権が保育者側にある一斉の活動形態や設定保育など
でも，子ども自らが主体的にかかわり，考えることができる部分を確保してお
く必要がある。なぜなら，子どもは自発的な活動からこそ多くを学ぶからであ
る。保育者は，保育の形態を考えるとき，単に子ども中心か保育者中心かとい
う問題ではないということを認識しておく必要がある。しかし，一般的に保育
の形態を論じる際には，“一斉か自由か”，“保育者主体か子ども主体か”とい
う議論が目立ち，またそれと共に「自由保育」があるべき保育の姿のような声
をよく耳にする。

　それでは，「自由保育」とは一体どのようなものかを考えてみると，「自由保
育」という言葉には理念と形態とが混在しており，実態はなく，実に曖昧なも
のであることがわかる。秋山和夫は，これまで「自由保育」は幼児中心の保育
形態であり，他は保育者中心の保育形態であると考えられてきたが，そもそも
「自由保育」という言葉は，保育方法の問題を表現しているというより保育理
念の問題をより多く表現している言葉であり，保育形態というより「子どもの
自由な活動を最大限に許容し，これを尊重していこうという保育思想あるいは，
保育哲学に基づく保育の主張または運動」であると指摘している（秋山，
1983：226）。そして，子どもの自由な活動を最大限に許容し，尊重する考えに
基づいて行われる保育においては，当然，子どもの自由な活動形態が多くなる
が，自由保育＝「自由活動形態」ではなく，自由保育の展開過程の中では，一
斉の活動形態などのさまざまな保育形態もとられていくのが普通であると述べ
ている（秋山，1980：228）。

　また，「自由保育」と対になって語られることの多い一斉保育や設定保育は，
その形態から一見すると，保育者による一方向の指導がすべてであるかのよう
に捉えられがちである。しかし，一斉や設定といった保育者が活動をリードす
る保育形態においても，中心には子どもが据えられているのであり，また，そ
うでなくてはならない。保育者は子どもの姿から保育のねらいを定め，それを
実現する方法の一つとして，必要に応じて一斉形態での保育や設定保育を方法
として取り入れるのである。つまり，子どもの自由な活動を支えるために必要

な多様な経験と，子どもたちの成長，発達に望ましいと思われる活動を取り入れる観点から保育者主導の保育は行われるのであり，形態としては保育者から子どもへという流れではあるが，保育者は子どもの姿や思いが不在の保育に陥ることのないように，十分な配慮をもって保育を進めていくことが大事である。

2　幼児の活動と形態

（1）個と集団の重要性

　保育の場は集団生活の場であり，多くの場合，子どもが家庭を離れ，初めて社会生活を送る場となる。保育者はまず子どもたち個々の情緒の安定を図り，子どもたちがのびのびと自己を発揮して活動できるよう援助することが大切である。また，保育者は一人ひとりの個の育ちを支えつつ，子どもの集団としての育ちをも実現していかなければならない。鯨岡峻は「保育も教育も，子ども一人ひとりが『私は私』と言えるような核をもちながら，しかも『私は私たちの一人』とも言える感覚を身に付けて生きていくことを目標に掲げざるをえません。この両面がどのように育てられて育ってくるのかは，一人の子どもの発達の本質的な面だといえます」（鯨岡，2006：23）と述べ，子どもの中に「わたし」と「わたしたち」を育てる重要性を指摘する。個人が尊重されることで，子どもは個としての力を発揮し始める。そして，多様な力をもった個が集まり，質の高い集団が作られる。集団は個を育てる重要な環境である。保育者は主体的にかかわりあう集団，子どもがいきいきと自分を表現し，成長していく集団をつくる必要がある。保育者は集団で個がいきいきと育つ状態から子どもたち自らが集団を育てていくところまで，共に活動し，見守りつつ保育を進めることが大切である。

　また，保育者は集団を育てると同時に，集団の力を絶えず意識しておく必要がある。集団が個を失わせる可能性があるからである。保育者は集団保育で子どもを同質化することがあってはならず，個が活きた集団になっているかという視点を絶えずもち，一人ひとりの人間を豊かに育てるための集団をつくる必要がある。集団の力は大きく，子どもの内面的な成長を促すことのできるもの

である。また，一人ひとりの子どもが集団の中で自己を確立し，自己表現，自己実現していくという過程，経験が何より重要である。「子ども集団が必要なのは，まずもって一人よりみんなと一緒の方が楽しいという経験，つまり『私たち』であることで，かえって『私』が生かされることがあるという経験をたくさん潜り抜けることが子どもに必要だからです。そしてその経験を潜り抜ける際に，少しずつ社会性や規範性が付随的に獲得されていくということではないでしょうか」（鯨岡，1998：206）と鯨岡が言うように，より楽しく豊かな生活の創造へ向けて，子どもたちが力を合わせる喜び，楽しさ，面白さを感じられる集団になるよう，保育者は子どもと共に個と集団を育てていく必要がある。

　個と集団，ひとりとみんなをどのように育てていくか，両方を大切にすることをどのように実現していくかは，非常に重要なテーマである。「わたし」を育てていくためには「わたしでないもの」とのかかわりが不可欠であり，人間は私でない誰かとのかかわりによって豊かに生きることができるのである。しかし，子どもを取り巻く環境は，誰かとかかわる機会が失われつつあるのが現状であり，2008（平成20）年の幼稚園教育要領と保育所保育指針の改訂，改定において，子育て環境の変化に伴う子どもの人間関係の育ちを危惧し，個と集団の育ちをより保障していこうとする動きがある。「保育所保育指針」における養護と教育が一体となり保育を進めることのよりいっそうの重視や，幼稚園教育要領では領域「人間関係」において「協同的な遊び」を大事に考える加筆がなされている。特に領域「人間関係」の内容の取扱いにおいては，1998（平成10）年の幼稚園教育要領では4項目であったのが2008（平成20）年の改訂では6項目になり，「幼児が互いにかかわりを深め，協同して遊ぶようになるため，自ら行動する力を育てるようにするとともに，他の幼児と試行錯誤しながら活動を展開する楽しさや共通の目的が実現する喜びを味わうことができるようにすること」「集団の生活を通して，幼児が人とのかかわりを深め，規範意識の芽生えが培われることを考慮し，幼児が教師との信頼関係に支えられて自己を発揮する中で，互いに思いを主張し，折り合いを付ける体験をし，きまりの必要性などに気付き，自分の気持ちを調整する力が育つようにすること」という項目が加えられている。また，2017（平成29）年告示の幼稚園教育要領，

保育所保育指針，幼保連携型認定こども園教育・保育要領に示された「幼児期の終わりまでに育ってほしい姿」である10の姿のうち，4つが人間関係にかかわるものである。

　「互いに思いを主張し，折り合いを付ける体験をし，きまりの必要性などに気付き，自分の気持ちを調整する力が育つようにすること」という文章から思い出された，3歳児の砂遊びでの姿と保育者とのやりとりを以下に紹介する。

【事例：「せんせい，なんかな，ここがきもちわるい」】

　K男は隣にいるR男の使っているスコップがどうしても使いたくて，R男が地面にスコップを置いている隙に，そのスコップを取って遊び始めた。しかし，R男はすぐにそのことに気づき，「つかってるの！」と言って，スコップを取り返した。せっかくスコップで遊べるものと思っていたK男は，R男を叩いてスコップを取り返そうとした。そのことに気付いた保育者はK男に「Kくんもスコップを使って遊びたいんだね。だけど，Rくんもスコップで遊びたいみたいよ。先にRくんが使ってたから，使い終わったら貸してもらおうね」と声をかけた。すると，その保育者の言葉を聞いたK男は表情をゆがめ，自分の胸に手を当てながら，「せんせい，なんかな，ここがきもちわるい」と保育者に自分の気持ちを訴えた。必死に自分の"スコップを使いたい思い"を抑えているK男の気持ちを察した保育者は，「Kくん，それがね『がまん』っていうことなんだよ」と優しく声をかけ，子どもたちの遊びを見守っていた。するとしばらくして，今度は嬉しそうな顔をしたK男が保育者のもとにやってきて「せんせい，Rくんがスコップかしてくれた」と喜びを伝え，また遊びに戻っていった。

■考　察

　何気ない日常の遊びを通して，子どもたちは他者の思いを知り，集団で生活していくには，時には自分の思いを我慢しなければならないことを少しずつ肌で覚え，人間関係の育ちを培っていく様子がわかる。いつも自分の思い通りになるのではなく，相手にも自分と同様に思いや考えがあり，お互いの思いの中でどのように振る舞えばよいのかを，子どもは手探りで一つひとつ身に付けていく。遊びの中でのよくあるこのような経験が，子どもの人とつながる力を育むのであり，園生活における日常の諸々の経験が，子どもの人間関係の育ちに非常に大きな意味をもつことになるのである。

子どもたちは幼稚園，保育所，認定こども園という集団生活において他者と出会い，その中で嬉しいことや楽しいこと，また上の事例の3歳児のように自分の思い通りにいかず"こころがなんだかきもちわるい"思いも経験して，人とかかわる力を少しずつ着実に育てていく。保育者は一人ひとりの個の育ちをみつめながらも，集団生活ならではの子ども同士の思いのぶつかり合い，葛藤体験を大切にみつめ，見守ることが重要となる。子ども同士の豊かな葛藤体験は，子どもに相手の存在に気付かせ，個を育てるものとなり，集団の育ちを支えていくものなのである。

保育者は園生活という集団生活の中で，葛藤体験も含め，子どもたちがさまざまな経験を通して人とつながる喜びを知り，人とかかわる力を育んでいくことを重視し，表面的な問題のなさや，常に"みんななかよし"であることを，子どもたちの社会性，集団生活への適応力の発達と捉えていてはならない。保育者は子どもが個性的主体としての自己を発揮しつつ，周囲の人とかかわることの喜びを感じながら，共に生きる力を育むことをねらいのひとつとして，保育を進めていく必要があるのである。

（2）遊びの教育的意義と主体性を育む保育

遊びとは，子どもが自ら生み出す純粋な活動，自発的な活動であって，子どもが心身ともに健全に成長していく上で欠かすことのできないものである。乳児にとっては，遊びは世界を確かめ，感じる行為であり，幼児にとっては自らの表現であり，もの，人との能動的なかかわりの中で生まれるものである。遊びは，初めは非常に個人的なものであり，子どもはこの個人的な遊びを通して，自らの周りにあるものを認識し，取り込み，自己を表現していく。そして次第に，遊びも個人的なものから数人のグループ，クラス全体のものへと発展し，遊びを通して，子どもは人とかかわる力，言葉の力をはじめとするさまざまな力を身に付けていくのである。つまり，子どもにとって遊びは自己の表現であり，世界，社会の事物を認識し，取り込みながら，自分で自らを成長，発達させていくものであると言える。

フレーベルは，幼児期の遊びは「たんなる遊びごと」ではなく，「きわめて

真剣なものであり，深い意味を持つもの」「未来の全生活の子葉」であるとし，「この世からふたたび去るまでの人間の未来の全生活は，人間のこの時期に，その源泉を持っている」とまで述べ，幼児期に子どもの遊びを育むことを重視する（フレーベル，1964：71-72）。子どもは遊びの中で，自らの必要に基づき，成長発達していく存在である。では，子どもが自らの成長の必要に基づく遊びを通して，自己を教育していくことのできる存在なのであれば，保育者は子どもの遊びを見守るだけでよいのであろうか。

　「なすことによって，学ぶ」と主張したデューイ（John Dewey）は，「子どもはすでにはげしく活動的であり，教育の問題は子どものこの諸々の活動をとらえ，この諸々の活動に指導をあたえるという問題なのである。指導によって，つまり，組織的にとりあつかわれることによって，子どもの諸々の活動は，散漫であったり，たんに衝動的な発現のままにまかせられていたりすることをやめて，諸々の価値のある結果へとむかうのである」（デューイ，1957：47）と述べ，子どもの活動に方向づけをすることの重要性を説いている。保育者は，保育の中で子どもの自由な活動を重視し保障しつつ，遊びがより質の高い豊かな活動となるためには，子ども主導，保育者主導の両方の活動が重要で，その時々に応じ保育の形態を考えていく必要があることは，先に述べた通りである。

　保育者は，幼児期の遊びの教育的意義を理解し，子どもが主体的，自発的に遊ぶことのできる保育を展開していく必要がある。保育の場には個性豊かなさまざまな子どもがおり，一人ひとりの子どもたちは可能性に満ち溢れている。人間的で豊かな成長を実現していくためには，子どもの興味，関心，要求に基づく活動だけでなく，次世代の社会・文化の担い手であり，継承者である子どもたちに，保育者が伝えたい，是非とも経験させたい活動もあるのが自然である。つまり，子どもが自由に主体的に生きていくためには，自由な活動を尊重し，保障しつつも，やはり保育者からの働きかけとその保育が必要になってくるのである。その際，保育者が一斉に子どもに伝える形態，また保育者が準備した設定の形態であったとしても，子どもが興味，関心をもち，自ら選び取った活動として取り組めるような配慮が大切である。つまり，子どもの豊かな活動，学びのために必要な保育者主導の一斉や設定における保育においては，子

どもを動かすのではなく，子どもの心が動くような保育の展開（導入や活動の
幅）が求められる。なぜなら，子どもは自らの興味・関心のもとでの遊び，主
体的な活動の中からこそ，生きた学びを得るからである（本章第1節（2）参照）。

3　子どもにふさわしい園生活の展開

（1）長時間保育と子どもにふさわしい生活を考える

　保育形態は保育の方法であると述べた。しかし，保育形態には，子どもの学
びを保障するための方法としての保育形態とは別に，社会的ニーズからの保育
形態がある。前者を子どもの学びを軸とした保育形態，後者を社会的必要から
生まれた保育形態ということができる。しかし，どちらであっても保育者は
「子どもにふさわしい生活」を保障する保育を展開しなければならないのは言
うまでもない。ここでは，後者の社会的ニーズから生まれた保育形態のひとつ
である長時間保育と子どもにふさわしい生活について考えてみることにする。

　保育所保育は社会的必要からの保育形態であり，「児童福祉施設の設備及び
運営に関する基準」第34条で「保育所における保育時間は，1日につき8時間
を原則とし，その地方における乳幼児の保護者の労働時間その他家庭の状況等
を考慮して，保育所の長がこれを定める」と規定されている通り，保育時間は
原則8時間である。また，幼稚園教育要領においては「1日の教育課程に係る
教育時間は，4時間を標準とする」とされているが，幼稚園においても社会的
ニーズから預かり保育などを行う園が多くなってきている。また，保育現場に
は長時間保育と共に，一時保育や病児，病後児保育，休日保育，夜間保育など
さまざまな形態の子育て支援も求められている。そして，子どもが家庭を離れ，
保育の場で集団生活をする際，「子どもにふさわしい園生活」を保障する観点
から保育者がもっとも考慮すべきことは，保育所保育指針でも重視されている
養護と教育の一体化という点であり，心身ともに健やかな子どもの成長を実現
するため，よりいっそう，保育現場における家庭的雰囲気，養護的側面の重要
性が増すとが考えられる。一日の生活の大部分を保育の場で過ごす子どもを目
の前に，保育者はこれまで行ってきた保育を振り返り，あらためて保育そのも

のを見直し，長時間保育のあり方について考える必要がある。

　長時間保育を行う際，「子どもにふさわしい園生活」を念頭に置き，時間帯によって保育内容やその形態を考えるなど，さまざまな配慮が求められる。以下に，長時間保育を行う保育園での工夫の一部を紹介する。

長時間保育を行う保育園の工夫

○長時間保育は普通の保育と違った配慮が必要であるとの観点から，概ね，5時以降は家庭に切り替える工夫のひとつとして，年齢別クラスではなく縦割りにして保育を行う。また，5時以降の保育は，地域のボランティアやパートで年輩の方に入ってもらい，"おばあちゃんの時間"として，一人ひとりの子どもの気持ちをあたたかく受け入れる家庭的なかかわり，ゆったりとしたかかわりを意識的にもつ。

○5時以降に保育する子どもの人数が多い場合，いくつかの縦割りグループに分け，子どもができるだけ小さな集団で，落ち着いたときを過ごすことのできる工夫を行う。その際，きょうだいを同じグループにする。集団も大切であるが，5時以降はできるだけ個が育つ部分を大切にしたい。

○子どもがより家庭的雰囲気を感じられるように乳児保育室へ移動して保育を行う。畳やカーペットが敷かれている保育室で，子どもがリラックスして寝転ぶことのできる空間を確保し，特に長時間保育においては緊張と緩和を意識して，環境を考慮する。

○保護者が迎えに来た際「よかったらお部屋に入って子どもと一緒に遊んで帰ってください」と保育者が声を掛ける。保育室で子どもと遊び，保育者と談笑することで，保護者が仕事の疲れを癒して家庭に戻れる配慮を行う。

　上のような長時間保育への取り組みから，「子どもにふさわしい」園生活を実現していくための子どもを軸に置いた保育者の工夫・配慮をうかがうことができる。保育は集団の場で行われるものでありながら，個をみつめ，まもり育むものである。そして，特に一日の大半を保育の場で過ごす子どもの健やかな成長を考えるとき，「集団も大切であるが，5時以降はできるだけ個が育つ部分を大切にしたい」という保育者の言葉は非常に重要な響きをもつ。まだまだ待機児童の問題が解消されず，保育ニーズが高まる中，長時間保育を行う保育現場にはより家庭的雰囲気が求められ，かつ，長時間保育が子育て放棄につなが

らないよう，保護者支援もより大事にしていかなければならないところである。保育者は子どもの健やかな育ちを願う者である。子どもの健やかな育ちには，保護者の健やかさが必要である。保育者は子どもと保護者を支えなければならない。

　長時間保育を希望する保護者は，子育てを楽しむ時間的，精神的余裕がなく，日々の生活に追われている場合が多い。これを考えると，先の長時間保育時の工夫の最後にあげた取り組みのもつ意味の大きさと，信念をもった保育者の姿，保育のありようを感じることができる。「よかったらお部屋に入って子どもと一緒に遊んで帰ってください」という一言は，誰にでも言える。しかし，この言葉が意味をもったものとなるか否かは保育者次第である。保育者の子どもと保護者を大切に思う気持ちは，子どもと保護者の中に必ず何かを生む。

　子どもと親を取り巻く社会環境の変化とともに，質量ともに保育のニーズ，保育者に求められるものは高まっている。保育はまだ生まれて間もないいのちを囲み，ひととつながる喜びを分かち合う仕事である。長時間保育に限らず，保育の場にはあたたかく，ぬくもりのある雰囲気と，人間的なかかわりに満ち溢れていることが求められ，必要とされているのである。

（2）子どもにふさわしい園生活からその先へ：保育の社会的意義

　子どもにふさわしい生活を支えることは，子どもの時期を重視し，大切にすることである。保育の場は，その必要から子どもを保育するのであるが，単に大人の事情，必要からだけの保育であってはならないのであり，子どもの必要からの保育，子どもにふさわしい生活を保障するための保育でなくてはならない。ここで，N保育園の誕生会の取り組みについて考えてみることにする。

　　　〈保育の場から社会へ〉〜N保育園での誕生会の取り組みから〜
　N保育園では，長年，変わることなく園行事の一つである誕生会は，その誕生月の子どもの保護者に必ず出席してもらうことに決めているという。
　「うちの園ではお子さんの誕生会には必ず保護者に来ていただき，子どもが生まれたときのことをみんなの前で話してもらうようにしています。お子さんの誕生月の誕生会に仕事がどうしてもお休みできない場合は，次の月の誕生会にお休みをとっ

てもらってでも来てもらい，親子そろって誕生会に出席してもらうことを大事にしています。お誕生日の子は前に出て，保護者には子ども達の前で，子どもの生まれたときのことを話してもらいます。親から自分が生まれたときのことを聞く子どもはとってもいい顔をします。『おかあさん，うんでくれてありがとう』と言う子もいます。いつもせわしなく走り回っている保護者の表情が，その時はふっとゆるみ，思わず涙ぐむ保護者もいます」。

　保育園における誕生会は保護者が働いている日中に子どもと保育者だけで行うことも可能であり，また多くの園がそうしていると思われる。勤め先に都合をつけ保育園に足を運ぶのは，働く親たちにとって正直なところ大変であり，働いているからこそ保育園にわが子を預けているのに，勤め先を休み，誕生会に出席しなければならないのは本末転倒ではないかと捉えることもできる。しかし，まだ現実的に難しい部分もあるかもしれないが，子どもにふさわしい生活を保障する保育の社会的意義を考えると，この誕生会の実践，保育のあり方は，子ども，保護者だけでなく，社会へのメッセージでもあると捉えることができる。

　保育園には忙しい保護者が多い。日々の生活を子育てと仕事に追われ，あっという間に一日が終わる。子育てと仕事に奔走する慌しい毎日の中で，N保育園の誕生会は，子どもと保護者にとって非常に重要な意味をもつと思われる。N保育園の誕生会の日には，子どもたちに“いのちがうまれてきた日のこと”を語る大人と，それを静かに楽しみに聴く子どもがいる。「おかあさん，うんでくれてありがとう」と言う子どもと，やわらかい表情で子どもの言葉を受け止める大人がいる。日常の中で忘れてしまいがちな大切なこと，いのちをこの世に授かったことの感謝とわが子の成長の喜び，大きな愛と優しくゆったりとした気持ちを大人と子どもがともに思い出し，感じる場として，社会の中にN保育園の誕生会はあるのである。子どもは大人が忘れかけている大切なものを思い出させてくれる存在であり，忙しさの中で忘れてしまいがちな心がぬくもる時を，再び感じさせてくれる。時代は変化しても，子どもは変わらないことのありがたさを大人は嚙み締める必要がある。私たち大人が，与えられたすべての人のいのちに感謝し，子どもが子どもであるための子ども時代を保障する

ことが成熟した社会の務めであり，私たちの務めである。

　保育者は「子どもにふさわしい生活」を考え，守るのが使命であり，保育の場から社会全体で子どもを育てる，人間の"子ども時代"を保障することへの意識を高めていくことの大切さを伝えていく必要があり，今後，その重要性は増していくものと思われる。しかし，けっして"子どもが幼いうちは母親がそばにいなければ子どもが不幸になる"という形での母性愛信仰を強めるような結果を招く働きかけであってはならないのであり，子どもが小さい間は保護者の働き方に柔軟性をもたせることのできるような社会環境のよりいっそうの整備と，何より社会の人々の意識に変革をもたらす仕方でのメッセージ発信でなければならない。少子高齢化社会が進行するなか，育児休暇をはじめ，短時間勤務制度など，さまざまな子育て支援の制度が整備されつつある。しかし，制度があっても制度が活きたものになるか否かは社会で働く人々の意識にかかっている。保育の場は，未来を担う子どもを軸として，社会によい循環を生み出す場としてあることが大切である。保育，幼児教育の場が，子どもにとっても大人にとっても人間を信頼，信用できる場となり，保育者は「子どもにふさわしい園生活」を考えることから保護者と共に「子どもにふさわしい社会」を生み出していくことが重要である。つまり，子どもにふさわしい園生活の展開を考えることは，大人が人間らしい振る舞いができているかどうか，成熟した社会をつくっているか否かを問われることでもある。誕生会という一つの保育実践に保育者の思い，願いが込められていること，また，豊かに人間を育みたいという願いを込めて保育実践をすることの大切さを，N保育園の誕生会の取り組みにみることができるのではないだろうか。

参考文献

秋山和夫（1980）「保育形態」岡田正章・森上史朗編『保育基本用語事典』第一法規出版。

秋山和夫（1983）「「保育形態」という言葉をめぐって」岡田正章・平井信義編『保育学大事典2』第一法規。

鯨岡峻（1998）『両義性の発達心理学』ミネルヴァ書房。

鯨岡峻（2006）『ひとがひとをわかるということ』ミネルヴァ書房。

厚生労働省（2008）『保育所保育指針解説書』フレーベル館。

民秋言編（2008）『幼稚園教育要領・保育所保育指針の成立と変遷』萌文書林。

デューイ，宮原誠一訳（1957）『学校と社会』岩波書店。
フレーベル，荒井武訳（1964）『人間の教育（上）』岩波書店。
森上史郎（1981）『私の実践的保育論』チャイルド本社。
文部科学省（2008）『幼稚園教育要領』フレーベル館。
ルソー，今野一雄訳（1962）『エミール（上）』岩波文庫。

（大江まゆ子）

第7章

保育の計画と実践

　　　　　　　　保育の現場では，常に子どもたちが元気一杯に遊んでいる。しかし，この
　　　　　　　ような表面的な姿のみが捉えられ，幼稚園や保育所では計画性がないと言わ
　　　　　　　れ，放任であるとの誤解まで生じることもある。確かに，小学校以上の学校
　　　　　　　教育では，教育課程に基づき，目標と内容が明確に設定され，それを時間割
　　　　　　　に沿って整然と授業を進めることで，計画性の伴うよい教育方法であるとの
　　　　　　　見方もある。そのような視点からすると，幼稚園や保育所のような子どもの
　　　　　　　姿に沿って展開する保育の方法は，容易には理解されないところであろう。
　　　　　　　しかし，自由できままに展開されているように見える保育にも，保育・教育
　　　　　　　課程や指導計画は存在している。実際の現場では，このような計画性に基づ
　　　　　　　いて保育が展開されているのであり，その計画や展開のあり方が，小学校以
　　　　　　　上のものとは異なっているだけである。
　　　　　　　　そこで，この章では保育現場において保育を展開していくための基本を学
　　　　　　　び，総合的視点からの指導計画と実践への展開を学んでいく。

1　計画の意義と必要性

（1）指導計画の意義と必要性

　保育の現場では，その場しのぎ的な保育に陥らないためにも，子どもの望ま
しい発達を長期的な見通しをもって実現するための計画が必要とされる。それ
は，子どもの可能性を信じ，望ましい発達を期待して，「いつ，どこで，誰に，
どのような目的で，どのような環境を構成し，どのように展開し，どのような
援助を行うのか」という視点を明確にもった保育の営みである。

　しかし，この指導計画の意義と必要性を十分に認識していないと，「指導計
画を立てるのは苦手……」との声に変わり，それが悩みの種にもなる。また，
子ども一人ひとりの発達がわからず，今，何に興味や関心をもち，友達関係は
どうなっているのか，という基本的な子ども理解ができていないと，必然的に
指導計画を立てることは難しくなる。このように，保育における子ども理解や

行動予測，集団となった子どもへの接し方や時間配分など，細部にまで及ぶ詳細な保育の指導計画の存在が，子どもの姿に沿った保育の展開を可能とするのである。

　そこで指導計画の概要である。これは，各園において検討された教育課程＊や全体的な計画＊＊に基づき，具体的なねらいや内容，環境の構成や保育の援助といった指導内容や方法等々が明らかにされたものである。

> ＊教育課程とは，幼稚園における教育期間の全体を見通したものであり，幼稚園の教育目標に向かってどのような道筋をたどっていくかを明らかにした全体的な計画である。
> ＊＊全体的な計画とは，保育所・認定こども園において子どもの発達過程を踏まえながら，子どもの在籍期間中の保育が，生活全体を通して総合的に展開されるように作成された計画である。

　この指導計画には「長期の指導計画」と「短期の指導計画」とがある。「長期の指導計画」では，長期的な視野に立って子どもの発達を見通すことを目的としており，主に，年間指導計画・期の指導計画・月の指導計画（月案）を指している。一方，「短期の指導計画」では，具体的な子どもの生活や遊びに即することを目的としており，週の指導計画（週案）・一日の指導計画（日案）を指している。

　これらの指導計画の構造は次頁の図7-1のようになっており，その日の指導計画（日案）を立てるためには，前日から翌日への流れの中で，それは今週，今月，今年という見通しにおいてどのような位置を占めているのかを，把握しておかなければならない。なぜなら，子どもが自ら意欲をもって環境とかかわることにより，創り出される具体的な活動に対して，あらかじめ計画を立てているのであって，それはけっして固定的なものではなく，子ども一人ひとりの状況に応じて柔軟に対応する姿勢が求められるからである。そのためにも，大きな流れの見通しを指導計画として把握しておく必要があり，その中での柔軟な対応が，その場しのぎ的な保育に陥ることを回避させるのである。

　このように，指導計画とは教育課程や全体的な計画に基づき，子どもの生活する姿を考慮して，それぞれの発達の時期にふさわしい生活や遊びが展開され

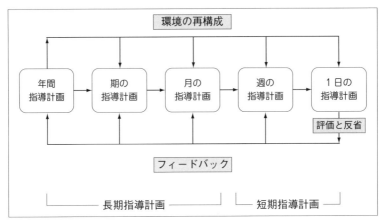

図7-1　指導計画の構造

るように，具体的で適切な計画が立てられなければならない。しかし，あくまでも指導計画は，子どもが必要な経験を得ていくための仮設であることにも留意することが大切である。なぜなら，保育の基本は「環境を通して行うもの」であり，環境に子どもがかかわって生まれる活動は一様ではないからである。

（2）指導計画のフィードバックと環境の再構成

　前項では，子どもの環境へのかかわりは一様ではないゆえ，指導計画は仮設であることに留意しなければならないと述べた。なぜなら，指導計画とは実際に展開される生活や遊びに応じて常に改善されるものであり，その積み重ねの中で，計画と実践のより良い関係が築けるからである。結局，詳細な指導計画を立てても，時として保育者の予想とは異なった展開もみられるということである。これらを踏まえた上で，実際に指導を行う場合には，子どもの発想や活動の展開の仕方を大切にしながら，あらかじめ設定したねらいや内容を修正したり，それに向けて環境を再構成したり，必要な援助をしたりするなど，保育者の適切な配慮が求められる。

　図7-1では，前日までの子どもの実態*に基づき，翌日の指導計画（日案）は作成されるが，常に全体の指導計画の流れを把握しながら計画を立てなければならない。その際，計画を固定的に捉えるのではなく，子どもの実態を踏ま

えながら柔軟で流動的に対応できる計画が必要とされる。しかし，柔軟で流動的な指導計画を，子どもの実態に即したものと，保育者の主観のみによる自分勝手な変更との区別に戸惑うこともある。ここで重要なのは，子どもの実態に基づく指導計画のフィードバックである。

> ＊子どもの実態とは，前日（直近）の一人ひとりの子どもの姿を，遊びの過程や生活の実際，発達の姿から，どのような状況にあるのかを捉え理解し，それがクラス全体として，どうような実態となるのかを総合的に捉えたものである。

　そこで，指導計画を立案する場合，まず，前日の子どもの姿から翌日の保育の「ねらい」と「内容」が設定される。その後，「ねらい」に示したことを，子どもはどのように活動展開させていくのかを具体的に予測する。これが「内容」であるが，この予測した子どもの活動展開が，いかに主体的，自発的活動として行うことができるかということに基づき，場を設定したり準備物を用意したりと，環境の構成が計画される。最後に，保育者のかかわりであるが，子どもが主体的に環境にかかわることができるよう，保育者はどのような問いかけや援助が必要になるのかを，一人ひとりについて考える。そして，一日の保育が終わった後，どこに問題があったかを指導の観点から見直し，省察しながら「評価と反省」を行うのである。

　この「評価と反省」こそが，指導計画のフィードバックや環境の再構成において，最も重要な課題となる。なぜなら，そこに一日の子どもの姿があってこその評価と反省であり，これに基づき指導計画は柔軟に修正される。たとえば，指導計画では今週で色水遊びを終了する予定であったが，子どもの姿から，遊びはまだ発展しており，単に色の水を作るだけではなく，色の配合や水の流れ，そのしくみにまで興味や関心を馳せている。そのため，来週からの予定を修正してでも，今の子どもの興味や関心を優先させることに教育的意味があると保育者が評価し反省したならば，その時点で指導計画は日，週，月へとフィードバックされ，新たに内容が修正される。これに伴い，当然，環境も再構成されるのである。その流れが図7-2で示されている。

　このように，単に保育者の思いつきや自分勝手な判断で自由に計画を修正し，

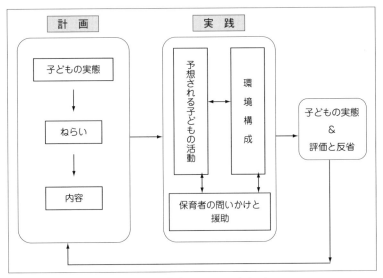

計　画

実　践

子どもの実態

↓

ねらい

↓

内容

予想される子どもの活動

環　境　構　成

子どもの実態
＆
評価と反省

保育者の問いかけと
援助

図7-2　指導計画のフィードバック

内容を決定しているのではない。そこには必ず子どもの姿があり，一日の保育を「評価と反省」することで，子どもの活動に沿った柔軟な活動の展開が可能となるのである。さらには，「評価と反省」時には，保育者としての資質と感性とが大いに影響することを認識しておきたい。

（3）指導計画の不要論

　これまで，指導計画の意義や必要性に触れてきたが，保育において指導計画は絶対に必要不可欠なものとは言いきれない，という意見もある。その理由の多くは，計画通りに進めることのみが目的化してしまい，そのため，すべての子どもを画一的に指導するといった保育者の自己満足の保育展開になりやすく，そこには子どもの興味や関心，発達等は全く加味されることはないというものである。

　確かに，子どもの活動に沿った保育展開をめざしつつも，指導計画にこのような傾向があることは否定できない。しかし，実習生や保育者として駆け出しの頃は，このような意見を警告として受けとめつつも，保育の見通しをもつと

いう点から，教材研究を行い，自分なりの工夫を加え，さまざまな視点から思考するといった作業が，より実践力を高めていくことにつながる。それゆえ，指導計画を作成できる力量を身に付けることは，保育者にとって必要不可欠であると言える。

　ここで，倉橋惣三*の無案保育論を取り上げてみよう。彼は「漫然たる態度でやって行くという無案保育は，実際において必ずしも悪いとは限らない」と，「保育案の変遷」**で述べている。さらに「一番いいものもまた，偶然の中にあるかもしれない」とも述べている。

> ＊倉橋惣三は大正・昭和期の幼児教育における研究実践家である。彼の保育観は「誘導保育」が中心となっており，自発的に活動させ，先生がそれを誘い，促し，助けることが大事であると説いた。
> ＊＊「倉橋惣三選集」第四巻の保育案の変遷で，保育案問題のない時代について触れている。

　これは，単に指導計画の不要論を提唱しているのではない。無案保育の時代では，保育者が臨機応変に生き生きと子どもたちと遊ぶことができたというものである。つまり，指導計画が必要か否かの問題ではなく，いかに子どもが伸び伸びと主体的に過ごすことができるかということであり，それは「生きる力」にも直結するものである。同時に，保育者も重圧を感じるだけの指導計画に縛られるのではなく，子どもと共に笑顔で楽しく生き生きと遊ぶことができるというものである。この状況にこそ，子どもの真の育ちがあり，教育的意味も存在する。これらを心に留め，見通しをもった指導計画の中にも，一人ひとりの子どもの活動に沿った展開ができるよう，柔軟な保育を行っていきたいものである。

2　指導計画の作成のポイント

（1）指導計画の立て方

　指導計画を立てる際，いくつかの基本的項目がある。まず，「幼児の姿」「ねらい」「内容」の書き方に始まり，「環境構成」「予想される幼児の活動」「保育

者のかかわり」へと進む。そのようななか，実習生の多くは，後者の内容には熱心に取り組むが，前者の「幼児の姿」「ねらい」「内容」には関心を示さず軽視する傾向がある。しかし，これらが指導計画を立てるうえで，最も重要な骨子となるのである。さらに，保育の視点を定めるためには，「幼児の姿」がしっかりと示されなければならない。言い換えると，「幼児の姿」をしっかりと捉えることができたなら，その日の保育でめざすべきもの，子どもが自発的で主体的に活動できる遊びの選択等々が，容易にみえてくるのである。

　図7-3は，実習時によく使われる指導計画の書式である。学校や園によっては多少の差異はみられるが，指導計画に必要とされる事項はほぼ同じである。

　①の「月日，曜日」は，実際に保育を行う月日，曜日を記入する。これは，子どもの発達を見通し，今，どのような時期にあるのか，一週間の流れの中でどの位置にあるのかを意識し，計画を立てるためにも重要となる。

　②の「組と年齢」「出席人数」は，クラスや年齢によって，かかわり方や保育内容も異なり，また，出席状況によっても，計画やその後の継続的かかわり方が変わってくるので，重要な情報である。

　③の「指導者」は，実際に指導を受ける保育者の名前を記入する。同じ指導計画であっても，指導者の経験年数や個性によって，多少の違いが出てくることもある。

　④の「幼児の姿」は，前日あるいは直近での子どもの育ちを明記する。一人ひとりの生活（遊び）や発達の実態を踏まえた指導を行うためには，前日までの子どもの様子を把握しておく必要があり，それがクラスにおいてどのような実態としてあるのかを理解しておかなければならない。具体的には，今，何に興味をもっているのか，どのような仲間関係であり，活動の展開がなされているのか等々である。

　⑤の「ねらい」は，「幼児の姿」に基づき，子どもに育つことが期待される豊かな心情，物事に取り組む意欲や態度などを記述する。

　⑥の「内容」は，「ねらい」の達成にむけての，具体的な子どもの活動や経験を，子どもの目線から記述する（具体的な保育の内容を示す）。

① 月　日　曜日　天候（　　）			
② 組　　歳児　　　　　　男児　名　女児　　名　計　名			
③ 指導教諭指名　　実習生指名			

幼児の姿	④	・前日までの子どもの遊びや生活の姿を記入する。 　ここでの姿を元に，どのような一日を過ごしたらよいかを考え，立案する

⑤ ねらい	・指導を通して，どのような心情や意欲，態度を育てたいか（子どもの立場から）	⑥ 内容	・ねらいを達成するため，どのような経験を通して何を育むのかを具体的に考える

⑦時間	⑧環境構成	⑨予測される幼児の活動	⑩保育者の援助や留意事項
⑪ 活動の予定 活動の展開 ⑪	・当日のねらいや内容に即して活動する場の構成と活動とともに変化する場の設定を，わかりやすく図に描くその際，文章での注釈も必ず入れること ・当日使用する素材（材料や用具名）を記入する ・準備する教材を具体的に記入する（何をどのように置いておくのかなど）	○保育の流れがつかめるよう，大きな項目を挙げる ・子どもの姿がイメージとして浮かぶよう，具体的に書く（流れに沿った子どもの姿を肯定的にイメージする） 例： ○好きな遊びをする ・粘土で遊ぶ ・積み木で遊ぶ ・お店やさんごっこをする ・自由に製作を楽しむ ・飼育物や植物の世話や観察をする 活動の質的発展　→	・子どもの活動に対して，どのような援助や言葉かけを行うのか，具体的に書く（何のために援助するのか目的を理解した言葉がけ） ・子どもが自ら考え行動できるような援助の方法 ・一人ひとりの発達を見通した配慮の仕方 ・導入の工夫（子どもが興味や関心を持ち，イメージが浮かぶように） ・展開の仕方を考える（新たな創意工夫発展の可能性） ・活動のまとめ（次への期待へとつなげ，満足感や達成感，充実感を共有する）

図 7 - 3　指導計画の書式

　⑦の「時間」は，保育を行う上で，見通しをもって指導計画を立てることができたか，また，実践とどのように時間的誤差が生じたか，それは何が要因であるのか等々を考えるためにも必要である。

　⑧の「環境構成」では，子どもの活動展開に伴い，どのように環境が構成され，再構成されていくのか，それは子どもが主体的に取り組めるものであるのかを，吟味しながら考える。

　⑨の「予測される幼児の活動」では，環境にかかわることにより引き出される子どもの活動を，具体的に予測し，見通しをもって記述していく。

⑩の「保育者のかかわり」では，子どもが望ましい方向に向かって自ら活動
を展開していくことができるよう，必要とされる保育者の援助や問いかけ，留
意する点などを記述する。

⑪の矢印（→）の意味であるが，指導計画を作成する際，⑦から⑩を個々に
考えるのではなく，縦の流れ（活動の展開）と横の流れ（活動の質的発展）を
確認しつつ，相互に関係づけながら考えると，より総合的な保育の視点を培う
ことが可能となる。

指導が終わった後は，担当保育者と共に「反省と考察」を行う。これは，自
分が予測しきれなかった子どもの行動や反応，指導が滞ってしまったところや
配慮が足りなかったところ，今後の課題等々を明確にするためである。これが，
次へのステップとなり，理論と実践を兼ね備えた実習を可能にしていくのであ
る。また，興味深かった子どもの姿をエピソードとして記録することも，子ど
も理解という点で重要であることを覚えておこう。

（2）自己紹介編

ここでは具体的な指導場面を取り上げながら，そこに至るまでの検討の仕方
や指導計画作成時でのポイントなどを考えていく。

まず，最初に子どもの前に立つ機会が与えられるとしたら，それは自己紹介

	自己紹介で話すこと	どのように伝えるか
1	Ex）　名前	Ex）　カードを使って一文字ずつ紹介する
2	好きな食べ物について	自分の名前の文字を使い，食べ物を連想する
3		
4		
	楽しい自己紹介にするための工夫をメモしよう ・準備するもの ・工夫するところ ・子どもの質問に準備しておくこと	＊ここに具体的な図や絵で示す とわかりやすい

図 7-4　自己紹介メモ

である。その時，緊張して単に名前だけを述べて終わってしまうのか，初めて出会う時だからこそ，自分のことを知ってもらいたいと思い，さまざまな準備をしておくのか，これで実習のスタートも多少なりとも変わってくる。そこで，図7-4にあるようにリストを作っておくと，自己紹介でのイメージがもちやすくなるであろう。

（3）絵本・紙芝居・素話編

　実習中，絵本や紙芝居，素話を子どもの前で行うという経験は，特に多い実践の一つである。また，短い時間で行える活動であるということから，指導計画を作成する場合とそうでない（経験として毎日絵本を読む機会が与えられる）場合とがある。しかし，一度は出会う経験の場であるゆえ，どのような話を選んだらよいのか，子どもの前でどのように読むのか，留意する点はどこにあるのか等々を事前に想定しておくことは必要である。

　そこで，読み聞かせや語り聞かせのポイントである。まず，①子どもの興味や発達にあった内容を選択することが大切である。②季節感や行事なども考慮すると選びやすくなるが，それらにとらわれず，読み手が心から子どもたちに読みたいと思う内容も話を選ぶポイントとなる。また，③子どもにとって，その話の楽しさや面白さはどこにあるのかを感じながら下読みをするとよい。場合によっては，内容を覚えてしまうくらいの練習も必要となるであろう。さらに，④絵本を開きやすいような工夫をしたり，紙芝居の抜き方やタイミングの確認なども，準備段階として必要である。

　実際に読む時には，⑤子どもが見やすく聞きやすい座り方や位置も考えなくてはならない。また，⑥読み手は表情豊かに，子どもの反応を受け止めながら読み聞かせや語り聞かせを行う。最後には，⑦お話の余韻を楽しむゆとりが欲しいものである。

　以上のことを，図7-5のような表にまとめるだけで，子どもの興味や関心，保育の流れに沿った展開等が想定しやすくなる。

話の内容	【種類】Ex）絵本，紙芝居，素話	【題名】_____ 【発行所】	
	【あらすじ】 • 話の内容や流れをつかむ （特に素話などは，丸覚えでなく話の流れをつかむことが大切である）		
	【楽しさのポイント】 • 楽しさのポイントを示すことにより，話のテーマやねらいも理解しやすくなる		
環境構成	【準備するもの】 Ex）絵本，導入のための人形	【環境構成の図】 • 環境の留意点を具体的に図で示す • 子どもに読み聞かせをする時の，保育室の様子（子どもの姿や椅子などの配置）を図で示す	
	【環境の留意点】 • 静かに話を聞くことができるよう，環境にも配慮する		
話をする時の留意点	• 話に入るまでの導入，本題である読み聞かせ・語り聞かせへの展開，子どもの中で繰り広げられる話の世界を尊重したまとめ等々，保育の流れの中での留意点を考える		

図 7-5　お話の展開イメージ

（4）手遊び・歌遊び編

　幼稚園や保育所では，子どもたちと手遊びや歌遊び，リズム遊びを楽しむ機会が多くある。特に手遊びは，ちょっとした時間に何もなくても，どこででも楽しむことができる。また，子どもと創作しながら発展させていくこともできるため，実習生においては毎日でも取り組み，子どもとの心の交流を楽しんでほしいものである。

　このように，手遊びや歌遊びは子どもの五感を通して心を豊かにしていくものである。それゆえ，けっして静かにさせる道具として捉えるのではなく，存分にその時間を子どもと共有し楽しむという姿勢を大切にしてほしい。

　そこで，実際に手遊びやリズム遊びを行う場合であるが，まず，①子どもの興味や発達にあった内容を選ばなければならない。また，②選んだものをしっかりと覚えることも大切である。③子どもたちの前では，わかりやすく伝えるため，言葉ははっきり，振りは大きめにし，常に笑顔で楽しく行うことがポイントである。④選んだ内容が子どもたちにとって初めての場合，ゆっくり繰り

【題名】	【留意点・工夫点】
【楽譜・遊び方】 • 耳で覚えた旋律は，忘れてしまうことも多いので，楽譜にしておくと，いつでも思い返すことができる • 遊び方を文章や図解で示すとわかりやすい	• 実践する時に，留意する点や工夫する点があれば考えておこう 【アレンジ】 • 自分なりのアレンジを考えておくと，実践の際に役に立つ

図7-6　手遊びカード

返し行うとよい。逆に，⑤子どもが知っている内容の場合，あらかじめさまざまな楽しみ方をアレンジや工夫しておくと，実習にもゆとりが生まれるであろう。

そのため，自分が経験し学んだ手遊びや歌遊び，リズム遊び等々を，図7-6のようにポイントをまとめ一冊のカード帳としてまとめておくと，オリジナルな手遊び集として現場で大活躍するであろう。

（5）ゲーム編

体や頭を使って遊ぶゲームは，子どもの大好きな遊びの一つである。個人で遊ぶゲーム，数人で遊ぶゲーム，集団で遊ぶゲームとさまざまであるが，友達と群れて遊ぶという経験を幼児期の間にたくさん味わってほしいものである。

実習においても，集団ゲームは，子どもの姿に沿った展開を，指導計画と実践の両面から学びやすい経験の一つであろう。

そこで，ゲームを実習として行う場合，①子どもの発達をよく把握し，無理なく理解でき，動ける内容を吟味しなければならない。特に，②動きを伴う場合，どのような危険が予測されるかを考え，安全を確保するための環境や援助，子どもとの約束などを事前に考えておくことが必要である。また，③ルールを理解することも，ゲームを楽しむ秘訣である。そのため，子どもにわかりやすい伝え方を考えなければならない。しかし，④一回でゲームを理解できなくても，繰り返し遊ぶことで楽しみながら理解していくため，何度でも伝えていくことが大切である。このように，⑤集団で遊ぶことの楽しさを十分に感じることができるよう，援助と配慮を行っていきたい。

【題名】	【準備するもの】
	• ゲームの種類によって，準備するものや設定しておく環境を考える
【遊び方】	【配慮点】
• ゲームにおいて特に大切なルール説明の手順を，具体的に（子どもにどのように話しかけるのか）記す	• 安全面に配慮するための留意事項 • 子どもとの約束事項など

図7-7　ゲームカード

話の内容	【種類】 Ex）ペープサート，エプロンシアター，パネルシアター等	【題名】
	【楽しさのポイント】 • 楽しさのポイントを示すことにより，自分のテーマやねらいを明確に理解する	
	【作品の内容と特徴】	
環境構成	【準備するもの】	【環境構成の図】 • 環境の留意点を具体的に図で示す • 子どもに実践する時の，保育室の様子（子どもの姿や椅子などの配置）を図で示す
	【環境の留意点】 • 実践するために必要な環境配慮	
実践する時の留意点	• 実導入，展開，まとめなど，保育の流れの中での留意点を考える • 子どもとの約束事をあらかじめ考えておく	

図7-8　手作り教材の展開イメージ

　図7-7は，ゲームの内容と遊び方，配慮点をまとめたカードである。このようにまとめておくと，実践の際，柔軟な対応が即座にできるであろう。

（6） 手作り教材編

　幼稚園や保育所では，保育者手づくりの絵本や紙芝居，ペープサートやパネルシアター，エプロンシアター，靴下や軍手の人形等々，さまざまな教材がよく活用される。時間をみつけて教材を制作しておくと，実践の場で役に立つことが多い。また，自作の教材を使用することで保育にゆとりが生まれ，自信にもつながる。さらに，子どもの興味や関心に基づき，さまざまな工夫や発想を盛り込むことで，既成の教材にはない魅力が醸し出されるのである。そのため，実践に備えて何点か制作しておくことも大切である。

　しかし，保育教材は作ったらおしまいというわけではない。作ったものを保育の場で実践することに意義がある。そのため，機会があればいつでも実習中に実践できるよう，練習しておくことも大切である。また，図7-8のような記録を作品と一緒にしておくと，指導計画への展開にも役に立つであろう。

3　指導計画と保育の展開

（1）　細案の必要性

　保育者が子どものことを第一に考え立案した指導計画を，実践の場で展開していくために必要なものとは何であろうか。現場では，一生懸命に立てた指導計画であっても，必ずしもすべての子どもが保育者の意図する通りに興味や関心をもって行動するとは限らない。むしろ，意外な子どもの姿や言葉，保育の展開に戸惑うことの方が多いであろう。それが実習生であったなら，柔軟な対応をとるまでの経験もなく，ただがむしゃらに指導計画を進めることのみに必死な姿となってしまう。

　これは，実際の実習生の保育実践例である。責任実習の中で「落ち葉を使い，秋を絵で表現することを楽しむ。自然界にあるものに興味や関心をもつ」という意図から，「どんな形に見えるかな？」「好きな落ち葉を拾いに行こうか？」「クレパスで絵を描いてみようか」と言葉をそれぞれの子どもにかけた。ところが，「今，したくない」と製作に取りかからない子ども，葉っぱを拾わず「お外で遊びたい」と主張する子ども，「絵の具で絵を描きたい」と言い，クレ

【場面1】　＊場面1・場面2というように，場面ごとに細案を書いていく	
・落ち葉を拾いに園庭へ行く ・落ち葉を使って絵を描く	

保育者のかかわり	それぞれの発想を大切にしながら言葉をかける
保育者の意図	落ち葉が何に見えるかを自分で考え，表現を楽しめるよう促す

子どもの反応	保育者の対応
・落ち葉の絵に興味を示さない	・お友達のも見てみようか 　回りの子どもの作品を見ながら，楽しさを感じるように言葉をかける
・クレヨンのみとしたが，他の道具を使いたいという	・○○で絵を描きたいんだね 　まず，子どもの気持ちを受け止めてから，今日は○○の準備ができていないから，今度一緒にしようねと約束し，一緒にクレヨンを取りに行く
・落ち葉拾いから興味は外遊びへ移る	・お外で遊びたいよね 　ここでも，子どもの気持ちを受け止めてから，みんな部屋に入り，一人で遊んでいると心配ということを伝え，後で一緒に遊ぶ約束をし，部屋まで帰るよう言葉をかける

図7-9　細案の例

パスをもってこない子どもの姿等々に，経験の少ない実習生の顔は暗く落ち込んでいった。

　指導計画の段階で，予想される子どもの活動は，見通しをもつ意味も含め，肯定的な姿を基本とする。しかし，実際には上述のような子どもの姿は必ずと言っていいほど存在する。とはいえ，不安な姿をすべて指導計画に書いてしまうと，見通しを立てる前に，子どもの予想される不安な姿に混乱を来してしまう。

　そこで，事前にこのような子どもの姿や反応に対し，どのように対応していくかを想定し，保育者としての対応の仕方やかかわり方を示しておくものが細案と呼ばれるものである。経験の十分な保育者は，その場で適切な対応は可能であるが，そうでない場合，臨機応変な対応をとることは難しい。特に，実習生においては，細案を携えることで，可能な限りの対応の仕方を想定すること

ができ，それが大切な経験となっていくのである。

　図7-9は，上述の子どもの姿における細案例である。このように，子どもの不安な気持ちが予想される場面ごとに，意図を明確にした保育者の具体的なかかわりを細案として考えておくことで，全体の中にあっても一人ひとりの思いに寄り添った指導が可能となる。それは，豊かな経験をもつ保育者にとっても大切な視点であり，あらためて自分の保育を見直すきっかけにもなるといえる。

　その他にもルールの説明や製作の手順など，柔軟に細案を活用したいものである。

（2）エピソード記述と今後の課題

　実習を終えた後，または指導計画を実践した後，大切になるのが反省であり考察である。いかに素晴らしい保育展開を行ったとしても，また，その逆であったとしても，最終的な反省と考察がなければ，次へと続く道は示されず，自らの課題も見出せないままとなる。特に，実習生においては，実践力向上に欠くことのできないところである。

　一言で反省や考察といっても，その内容はさまざまである。一日の保育を概観し，総合的な視点で反省を行うといった内容，自分の失敗の原因を追求した考察の内容等々，概ね，自分の気づく範囲か，目に見える範囲でのものが多い。

　そこで，エピソード形式での反省と考察を提案したい。そもそもエピソードとは，ちょっとした出来事や挿話という意味がある。そのため，内容は保育の全体像を概観するのではなく，ある一点に注目するといったものになる。しかし，その瞬間，確かに心が揺さぶられたという場面，今，目の前にいる子どもの心の動きを描きとめたいと思う衝動の場面など，その内容は保育者の心の奥底にあるものが引き出される瞬間でもある。また，このような一人ひとりの子どもの姿を積み重ねることでみえてくる「子ども理解」という視点があることも確かである。そこには，保育日誌や実習記録では表すことのできない保育者と子どもとの心と心の触れ合いが存在するからである。

【事例：Kくんのけんか（Y保育者：4歳児担任　経験年数5年目）】
　保育室内で自由な選択活動をしていたところ，急にKくんとYくんのけんかが始まった。私はその原因を察知できず，気づいた時には手がでるほどのけんかとなっていた。Kくんは日ごろから元気な男の子であるが，一方のYくんは室内で静かに絵本を読むことが好きな男の子である。すぐさま手を出すことを制止し，けんかの原因を2人に聞くも，お互い何も話さない状況がしばらく続いた。そこで，一人ひとりと廊下で話すことになったが，やはり原因もわからず「自分の気持ちは言葉で言おうね」と，ごく一般的な対応しかできなかった。その後は，けんかの原因に触れることもなく，そのまま外遊びへと移っていった。

■考　察

　KくんとYくんがけんかを始めた時，私の気持ちの中で「またKくんが……」という思いがあったことは否定できない。いや，むしろ「Kくんが原因かも……」という憶測すらもっていたかもしれない。そのためKくんには，Yくんよりもきつい言葉での対応になってしまった。その時のKくんの表情はとても寂しそうで，私の言葉を否定することもなく，ただ涙をこぼした。この時初めてKくんに先入観をもって接している自分に気づいた。しかし，すでに言葉としてKくんに注意をしてしまった後だっただけに，自分の先入観を否定することもできず，Kくんの思いを確かめないまま一日を終えた。保育後，Kくんの気持ちを考えると，自分の軽率な対応を反省することしかできなかった。

　この事例の保育者は，エピソード記録を始めて間もないこともあり，詳細な様子や具体的な考察はこれからの課題である。しかし，一歩一歩子どもの気持ちに寄り添い，その理解を深めていこうとする姿は読み取ることができる。このように，一日の保育の中で特に気になった場面，気持ちに残った場面を，より具体的に書きおろしていくと，そこに必ずさまざまな心の動きが見えてくる。保育の質の向上と叫ばれる現在，本質的な保育の営みとは，子どもと保育者とのちょっとした気持ちのやりとりの中にこそあり，いわば，目に見えてこないところでの心と心の触れ合いこそ，「質」を高める機動力にもなっているのである。

このような視点から，ぜひ，一日の保育を終えた後，一つのエピソードを具体的に引き出し，それを積み重ねることで，子ども理解を深め，保育の本質を見極める力を培っていきたいものである。

参考文献

植原邦子編著（2006）『保育実践ポートフォリオ』ミネルヴァ書房。

鯨岡峻（2007）『エピソード記述入門』東京大学出版会。

鯨岡峻・鯨岡和子（2008）『保育のためのエピソード記述入門』ミネルヴァ書房。

鯨岡峻・鯨岡和子（2009）『エピソード記述で保育を描く』ミネルヴァ書房。

厚生労働省（2008）『保育所保育指針解説書』フレーベル館。

文部科学省（2008）『幼稚園教育要領解説』フレーベル館。

（猪田裕子）

第8章

幼児理解と保育方法

　　　　　子どもを理解することは，保育者にとって永遠のテーマである。子どもを
　　　　理解することから新たな保育が生まれ，その中で，子どもも保育者も成長す
　　　　るのである。子どもも保育者も人間であり，それぞれ，ものの見方，感じ方
　　　　が違う。子どもを理解する際，保育者自身のものの見方が邪魔をする場合も
　　　　ある。また，子どもは大人とは違う存在であり，子どもを理解することを通
　　　　じて，保育者は人間への理解を深め，自身の人間観，子ども観，保育観を構
　　　　築していくことができる。そして，幼児理解には保護者との連携も重要であ
　　　　り，どのような姿勢で保護者と向き合うことが大切かについても考えたい。
　　　　　本章では，幼児理解に必要な保育者の基本的姿勢について述べ，また，実
　　　　際に子どもの姿を目の前に，保育者としてはどのようにかかわっていくこと
　　　　が大切なのかを，一人ひとりが考え，何かをつかむ一助にといくつかの事例
　　　　を紹介している。それぞれの事例から，幼児理解と保育者としての子どもへ
　　　　のかかわりの具体的方法を考えていくことにする。

1　幼児理解とは

（1）新鮮な目で子どもをみつめ続けること

　幼児理解，子ども理解と一言でいうものの，子どもを理解することは簡単で
はない。また，子ども理解は他者理解でもあり，私たちは自分のことさえわか
らないのに，自分以外の相手のことを理解できるのだろうかという根本的な問
いもある。しかし，そうであるからこそ，子どもを理解しようとすることは面
白く，多くの発見があり，保育者は子どもとつながりあえたとき，また，子ど
ものことがわかり始めたとき，言いようのない喜びを感じるのである。人間に
は感じる力と想像する力があり，感じる力，想像する力は，自分という小さな
存在を超えて，目の前の相手，子ども，世界とつながりあうための重要な手段
であることを忘れてはならない。「この子は今，きっとこんな風に思っている
のではないだろうか」「一見，友達と仲良く遊んでいるようにみえるものの，

表情がいまひとつ，いきいきとしていないな。どうしたんだろう」「あれ？
声にいつもの元気がないな」「なんて嬉しそうな顔！　できなかったことがで
きるようになることは，子どもにとって言いようもなく大きな喜びなんだ」。

　子どもの姿，表情から，保育者は自らの五感を働かせて今の子どもの状態を
知ろうとし，一人ひとりに必要なかかわりを考えることが大切である。そして，
保育者はそのかかわりの中で，自分の理解とかかわりが子どもにとって適当で
あったかを自問自答し，また理解とかかわりを修正しつつ，子どもと日々を過
ごすのである。先にも述べたが，子ども理解は他者理解である。そして，人間
は日々，成長し続ける存在である。自分の思い，考えも日々変化し，当然，相
手も同様である。幼児理解，子ども理解とは，保育者の子どもたち一人ひとり
への理解，まなざしと思いを日々，刻々と更新し続ける営みであり，子ども理
解とは，子どもを理解し続ける行為の中から浮かび上がるものと言える。

　つまり，子どもを理解しようとするとき，もっとも大切なことは，理解しよ
うとし続けることである。保育者は目の前にいる子どもをどう理解し，どのよ
うにかかわることでよりよい育ちを支えることができるのかという視点で，自
らの感覚を鋭敏にし，考えていくことが大切である。しかし，保育者も人間で
ある限り，これまでの経験が自分のものの見方を方向づけ，理解を生み出すも
のとなることは事実である。そのため，このことを意識した上で，常にどこか
で自分のものの見方，理解に疑問を投げかけながら，子どもを理解しようとす
ることが重要となる。「よくみて，感じ，考えること」がどこまでも大切であ
り，保育者は常に新鮮な目で子どもを理解しようとし，そこから子ども理解と
保育を生み出していかなければならない。

（2）身体言語の重要性と子どもの豊かな表現

　幼児期における教育の必要性と重要性を痛感し，幼稚園を創設したフレーベ
ル（F. W. A. Fröbel）は，幼児期の特徴として遊戯と言葉に着目している。フ
レーベルは，乳児期の子どもはすべてのものを飲み込む大きな眼のような存在
であり，乳児期は外のものを内へと吸収する時期であると位置づけ，それに対
して，幼児期は内なるものを外へ表現する時期であるとし，幼児期における遊

戯と言葉を子ども自らの表現の開始として重視している。乳児の時代を終え，芽生え始めた自己を外へ向けて表現する幼児期の子どもの表現の仕方，方法はさまざまで，実に豊かなものである。

【事例1：思いを表現する3歳児の絵画活動】

　N男は自分で選んだ水色の画用紙に休むことなく，いくつもの大きな円を描いている。その様子はまるで絵筆だけでは不十分と言わんばかりに，全身を勢いよく，ぐるんぐるんと揺さぶりながら夢中になって描いている。その姿はまさに一心不乱という言葉がぴったり当てはまる。

　保育者は何を描いているのか聞きたい思いでいっぱいであったが，真剣に描くN男の姿にどことなく声を掛けることがはばかられる程の集中力と気迫を感じ，少し遠くから見守ることにした。しばらくして手が止まったN男に何を描いたのか尋ねると「くるま」という返事が返ってきた。その隣では，Y子が画用紙を隅から隅まで黄色で塗りつぶしている。Y子はキリンを描いたのだと言う。また，W男は白い画用紙の上にしゅっしゅっと色とりどりの短い弧を描いていた。その日は絵の具を使用していたため，色を変えるには3歳児にとっては少し面倒と思われる一連の作業（筆を洗い，布で水気を拭き，新たな色をつける）が必要となるのであるが，W男は一つひとつの弧を必ず違う色で描き，その度に「うわぁ！」と満面の笑顔で歓声をあげていた。何を描いたか尋ねると「おもしろかった!!」とスッキリした顔で答え，保育者に画用紙を手渡した。

（奥まゆ子，2005：64）

■考　察

　画用紙の上の何重もの円，ただただ一面に丁寧に黄色が塗られたもの，色とりどりの短い弧。全身を揺らして何重もの円を描いたN男は，車のタイヤが回転するスピードに感動し，そのスピード感を表現したかったのではないかと思われる。全身を使って描くN男の姿を見ることなく，できあがった絵からだけでは，保育者が本当に彼の表現を理解することにはならない。また，Y子の絵をY子の母親に伝えると，絵を描く前の週末に家族で動物園に出かけたのだという。画用紙一面，根気よく丁寧に黄色一色で塗りつぶしたY子は，実際にみたキリンの体の色に驚きと感動を覚えたのかもしれない。色とりどりの弧を描いたW男は，色のもつ美しさそのものに感動したのではないかと考えられる。

117

子どもの絵は表現であり，子ども自身のこころの動きそのものである。子どもは心を揺さぶられる体験，感動に出会うことで，その感動に突き動かされ，表現する。保育者ができあがったものだけをみて，子どもの絵にこめられた思いを理解し，共感することは困難である。子どもの思い，表現，こころを理解する際に大切なことは，表れたものではなく子どもがどのように表現しているかである。つまり，子どもの表情，姿から，子どものこころの動きを知ることが重要なのである。絵を描くということは自らの感動を描くことであることを，子どもの姿から感じることができる。

　子どもの一つひとつの活動，遊び，表現は，一人ひとりの新鮮な発見と感動に満ちているのであり，保育者はそのことを理解した上で，子どもの傍らにいなければならない。また，子どもの言葉や表面に現れているものだけを手がかりとしていたのでは，子どもを理解することはできない。保育者は子どもをよくみることから始まり，その姿，表情，視線，声のトーンなどから，今，この子は何を思い，どのように感じ，考えているのかを知ろうとし，子どもの内側の声，言葉を聴くこと，聴こうとすることが，一人ひとりの心に寄り添うことにつながるのである。

（3）自己教育への誘い

　子どもを理解しようとし，一人ひとりの子どもをよくみて，感じ，考えることは，それはそのまま人間への洞察と理解を深める行為なのであり，結果として保育者自身の内に人間観，子ども観，保育観などを築いていくこととなる。つまり，子ども理解のための保育者の努力は，単に子ども理解を深めるだけでなく，保育者自身の自己教育につながる。

　倉橋惣三は「子どもを教育するのは教育者の責任である。しかもこれは，教育者としての一面の責任に過ぎない。此の，外へ向かっての責任と共に内へ向かっての責任がある。自分を教育することである。（中略）先ず内へ向かっての教育なくして，外へ向かっての教育はあり得ないことである。／すべての教育は，自己の教育に発するといっては言葉が過ぎるかも知れない。しかし，少

なくとも教育の真の迫力は，この謙遜なる自己教育のこころからのみ出る」と
述べている（倉橋，1976：44）。保育は保育者の人生観，人間観，子ども観が問
われ，保育者の人間性に左右される。保育，教育を行う者は，これからを生き
る新しいいのちを目の前に，人間としてぜひ身に付けておかなければならない
ことは何かを考えなくてはならない。そのとき，子どもは大人に人間のあり方
を考えさせる存在となり，幼児理解，子ども理解とは，人間を，自分自身を考
える行為につながっていくのである。ここに，フレーベルが子どもとの意識的
な生活の場を，世界で初めて社会の中に創設したことの大きさを感じずにはお
れない。

　子どもを理解しようとするとき，保育者は子どもを，単に保育の対象として
ではなく，一人の人間としてみつめる態度が求められる。そして保育者は，子
どものためだけに子ども理解があるのではなく，保育者にとっても子ども理解
が大きな意味をもつことを認識することが大切である。互いの存在を尊重し，
学び合い，成長し合う保育を実現していくためにも子ども理解はあるのである。

2　幼児理解のための保育者の基本姿勢

（1）受容と共感のまなざし

　子どもを理解しようとするとき，もっとも基本となり大切なことは，一人ひ
とりをよくみることである。しかし，単に子どもをみているだけでは何もみえ
てこないのであり，子どもを理解することにはつながらない。保育者が子ども
をみるときに重要なのは，一人ひとりのありのままを受け止めること，つまり，
子どもを受容的なまなざしでみつめることである。子どもは自分を受け止めて
くれる人が確かにこの世の中にいるということを学ばなければならない。そし
て，ありのままの自分をまるごと受け止めてくれる存在，場があって，初めて
子どもは心が落ち着き，さまざまな世界へと一歩踏み出し，主体的に生きるこ
とができる。自分を受け容れてくれる人がいるという安心感は，子どもにとっ
て非常に大きな力となり，自己を表現する力，未知の世界へ一歩，踏み出して
いく原動力，生きる力となる。保育は一人ひとりの子どもを保育者がこころか

ら受容することから始まる。保育者は子どもを受容的なまなざしでみつめ，理解していく必要がある。「この子は今，何を思い，何に興味をもち，何につまずいているのだろう」「何をしようとし，どこに面白さを感じ，何を求めているのだろう」保育者は一人ひとりの子どもの姿，表情，たたずまいから，子どもが何を考えているのか，また何を思っているのかを読み取っていく必要がある。この積み重ねにより，少しずつ子どもがみえてくるのであって，そこには保育者の一人ひとりを丁寧にみつめ続ける姿勢が求められるのである。

　「みる」には見る・診る・観る・看る・視るなど，さまざまあり，保育者が子どもをよくみるというとき，どの視点も含めたまなざしで子どもをみることが大切である。子どもの活動の様子や，表情，声色，後姿などのたたずまいなどから，保育者は子どもの心の動きを感じなければならない。つまり，子どもをみるということは単に子どもの表面的な部分だけでなく，一人ひとりの内面的ないのちをみつめることであり，子ども姿から子どものこころをそっと覗き込むことなのである。そのとき，保育者に求められるのは，一人ひとりの心の動きを感じる力である。子どもをみつめ，子どもの姿に自分を映し込み，子どもが何を思っているのかを感じ，考えてみることで，少しずつ子どもがみえてくるのであり，保育者が自分のものの見方に固執していては，子どもとこころを通い合わせることは困難である。保育者自身の捉え方で理解することのできる子もいれば，保育者が自分なりにその子を理解しようとすればするほど，わからなくなることもある。そのような時は自分のものの見方を一旦，横に置き，その子のものの見方，考え方を第一に理解しようとすることが大切である。そうすることで，見えてくるものは多くある。

【事例2：「ホットケーキ，つくってるねん」】
　3歳児のS男は園庭でスコップとボールを手に黙々と遊んでいる。同じクラスのK男も，隣で同様にスコップ片手に砂遊びをしている。二人は肩がぶつかるほど近くにいるが，それぞれが自分の活動に集中している。保育者がS男の傍へ行き「なにつくってるの？」と声をかける。「ホットケーキ，つくってるねん」と顔も上げずに答えるS男。「そろそろお片づけしようか」と声をかけるも，S男は作業をやめる気配はない。保育者はしばらくして「おいしそうなホットケーキ，食べてもいいで

すか？」と声をかける。すると，Ｓ男の表情は緩み「いいですよ」と砂がいっぱい
に入ったボールを保育者に差し出す。「うーん，おいしい。Ｋ男も食べる？」と，傍
にいたＫ男に保育者がＳ男特製ホットケーキを差し出すとＫ男は首を横に振るもの
の，Ｓ男とＫ男は顔を見合わせ，にやっと笑う。保育者が「はぁ～，おいしかった。
おなかいっぱい。ごちそうさまでした」と言うと，Ｓ男はさっさと遊びをやめ，自
分から片付け始めた。

■考　察

　子どもが自ら選んで行う遊びを尊重したい気持ちと，食事や午睡などの次の
活動に移っていきたい思いから時間が気になる保育者。最初は子どもに寄り添
おうと「なにつくってるの？」と声をかけてみるものの，次の瞬間には自分の
思いが先立ち，「そろそろお片づけしようか」という言葉が口をついて出る。
子どもは実に敏感で，保育者の思いを先取りしているかのように，顔を上げよ
うともせず，下を向いてホットケーキを作り続けている。保育者の言葉に答え
ることなく黙々と砂遊びをするＳ男の姿に，保育者は子どもの思いよりも時間
が気になり"どうやって片付けさせようか"という思いでいっぱいであった自
分を省みる。そして，子どもの今の思いにまず共感しようとＳ男の姿を肯定的，
受容的なまなざしでみつめ，「おいしそうなホットケーキ，食べてもいいです
か？」と声をかける。すると，瞬く間にＳ男の表情が緩んだところに，子ども
と保育者がつながりあえたことをみてとることができる。

　保育は子どもが主体であり，かつ，どのようにすると子どもが主体的に活動
し，自然に学びを身に付けて成長していくことができるのかを考え，保育を進
めていくところに保育者の主体性がある。保育の場で保育者が自分のものさし
を振り回し，子どもをそこに当てはめてようとすると，どうしても無理と誤解
が生じ，適切なかかわり，適切な保育ができなくなる。保育者は子どもと共に，
互いが自由感をもち，互いが主体的になれるような保育をつくっていくための
出発点として，子どもを受容と共感のまなざしでみることが大切である。保育
者はそれぞれが何を面白いと感じ，何に困っているのかといった一人ひとりの
ものの感じ方，考え方を自分の中に取り入れ，子どもと共感する必要がある。
そして，子どもへの理解が深まると，徐々に互いを認め，つながり合う喜びを

共有し合える関係となり，次第に信頼関係を築くことができるのである。

　受容と共感のまなざしの基底には，子どもに対する深い愛情と理解がなければならない。そして，子どもを理解していくためには，子どものありのままの姿，表現を受け止め，そこから，子どもの内側を共感的にみていくこと，つまり，受容と共感のまなざしをもって子どもの心の動きを感じていくことが非常に重要となるのである。

（2）保護者との連携

　子どもへの理解をより深めていくためには，保護者との連携を欠かすことはできない。また，保育士は児童福祉法第18条の4で「保育士の名称を用いて，専門的知識及び技術をもって，児童の保育及び児童の保護者に対する保育に関する指導を行う」と規定されている。つまり，子どもの健やかな育ちと共に，保護者を支え，子育てを支援していくことも保育士の重要な役割である。保育は人とかかわり，つながる喜びを分かち合う仕事である。それゆえ，保育者は自らのうちに，人とつながる喜び，わかりあえた時の何とも言えない嬉しさを日々，感じることのできる人でなければならない。そして，その喜びを感じられる職業であることに誇りをもち，一人ひとりの子ども，保護者と向き合うことが大切なのであり，こころと覚悟をもって保育者となる必要がある。

　保育者を志すある学生は，授業後のレポートに「子どものいのちを守るということは，子どもの周りにいる大人がそのいのちを守れるかどうかの鍵をもっている。子どものいのちを守るのもこわすのも大人にかかっているから，本当に『子どものいのち』を守るとしたら，保護者と保育者の関係も園の保育と同じくらい大切になってくるのだと思う」と記していた。幼子のいのちのともしびが消えていく報道を毎日耳にする時代に，保育者を志そうとする学生の「保護者と保育者の関係も園の保育と同じくらい大切になってくるのだと思う」という言葉は，重要な示唆を含むものと思われる。

　保育には保育者の人間性がにじみ出る。そして，保育所や認定こども園で働く保育者は保護者，特に働く母親を支えることになる。その際には，保護者支援と一言でいうものの，子育てをしながら働くという選択をした一人の女性の

人生を支えるということになるのである。乳幼児期，子どもはゆったりとした
あたたかで大きな母親の愛情のもとで過ごすことが大事であることはいうまで
もない。そして，そのことは誰よりも子をもつ母親が本能的に知っているはず
である。

【事例3：子どもとの別れ際に　～保育者の一言の重み～】

　朝，保育園には次々と子どもと保護者がやってくる。それぞれ挨拶を交わしながら，
保護者は子どもの着替えの補充や，体温を測ったりと慌しい一時。いよいよ保護者
が子どもを保育者に預けるとき，予想通り，1歳のM男は隣のクラスにまで響き渡
る大泣き。子どもに泣かれて何ともいえない表情で，躊躇，動揺する母親に保育者
は穏やかに声を掛ける。

　「お母さん，羨ましいわ，こんなに泣かれるなんて。愛されてるんやね」。

■**考　察**

　これは筆者が息子を預けるときに，保育者からかけられた言葉である。思わ
ず，大泣きする息子はさておき，筆者が泣きそうになった出来事で，今でもよ
く覚えている。保育者が子どもだけでなく，筆者をも肯定的なまなざしで受け
止めてくださっていることが何ともありがたく，嬉しかったからである。

　仕事に向かう前に子どもを預ける朝の別れ際が，子どもにとって，また親に
とっても一番，つらい一時である。子どもに泣かれると，筆者を含め，自分が
責められているような感じをもつ保護者（特に母親）も少なくないと思われる。
3歳児神話，母性愛信仰のまだまだ根強く残る社会で働く母親は社会，他者か
らのまなざしに敏感である。そして，母であるがゆえ，特に子どもの年齢が低
い程，理屈を超えて子育てに専念せずに働くことに対して，後ろめたさを感じ
る場合も少なくないのではないだろうか。

　そのようなときに，保育者が保護者の心情を察し，子どもと共に保護者の心
を支える言葉をかけることができるのは，日頃からおおらかで受容的なまなざ
しで多くの子どもと親を支えてきた保育者のなせる業である。ちょっとした保
育者の一言は，働く母親に自信を回復させ，大きなものとしてこころに響く。

　よりよい子どもの育ちのために，保育者は保護者の心情に思いを馳せ，保護

者を支える必要がある。保育者の一言で救われる保護者はたくさんいる。健やかな子どもの育ちには健やかな保護者の存在が必要である。保育者は子どもも保護者をも，笑顔にし，励ますことができるのである。普段からの密なコミュニケーションとともに，子どもだけでなく保護者に対しても受容的共感的なまなざしをもつことにより，互いの間に信頼関係が築けるものと思われる。

　保護者との関係をしっかりと築いておくことは，幼児理解において重要であるだけでなく，子どものよりよい育ちを支えるために非常に大きな意味をもつ。保育は人とつながる仕事である。そして，人とのつながりの中で，誰もが力をもらい，励まされ，また自らの内に力が込み上げてくるものである。仕事を通して自己実現していく覚悟のある保育者には，その姿に人間性がにじみ出る。それは保育者としての，人間としての魅力である。受容と共感のまなざしの基底には，子どもに対する深い愛情と理解がなければならないと述べたが，子どもだけでなく，保護者に対しても同様のことが言えるのである。

3　幼児理解と援助・指導の具体的方法

（1）子どものこころとことばを大切に育む

　子どもを理解するには，子どもの言葉をよく聴くことが，もちろん大切である。しかし，保育者にとってより重要なことは，子どものまだ言葉になっていないこころ，うまく言葉にならない思いを汲み取ろうとすることである。人間が人とつながり，理解しあうとき，言葉は非常に重要な役割と意味をもつ。しかし，言葉がすべてではなく，言葉以上に表情や姿，たたずまい，声色といった非言語的なものが，雄弁にその人の思いを語っていることがある。つまり，相手を理解しようとするとき，言葉以外の表情，姿，声，身振りといったものにしっかりと目を向けていく必要があるのである。また，特に子どもにとっては十分に自分の思いや考えを言葉で表現することは難しく，保育者はより子どもの非言語的な表現をしっかりとみつめていくことが重要となるのである（本章第1節（2）参照）。

　とはいえ，言葉は人間のコミュニケーションにおいて非常に重要な役割を担

写真 8-1　文字をなぞる 3 歳の女児

うものであり，そうであるがゆえに，保育者は子どもに言葉の力を身に付けて
ほしいと願うのである。

　写真 8-1 は 3 歳の女児である。降園準備の最中に壁の文字に目が留まり，
自分でも真似て指でなぞっているところである。タオルをしまうことも忘れ，
集中してなぞる姿から，文字に対する興味の高まりを感じることができる。こ
のように，子どもは日常生活の中で自然に文字への興味，関心を抱き始める。
子どもにとっては，大人が言葉により流暢にコミュニケーションをとる姿や，
相手に何かを伝える手段として文字を使っている姿は，大きな憧れのまとであ
る。

【事例 4：子どもの手紙】

　集団生活にも慣れ，保育者にも親しみをもち，園生活を楽しみ始めた 3 歳児クラ
スでは，手紙を交換する遊びが女児たちの間で流行り始めていた。そんな中，「せん
せい，おてがみかいてきたよ！」と登園するなり，かばんから手紙を取り出して保
育者に手渡したり，中には手紙を握り締めて登園する子もいる。M子もその一人で，
「せんせい，おうちでせんせいにおてがみかいてん」と保育者に手紙を手渡した。保
育者は手紙を開き，手紙を見つめ，満面の笑顔で「ありがとう。Mちゃん。せんせい，
とってもうれしいわ」とM子の手を握った。

写真 8-2　手紙の写真①　　　　　　写真 8-3　手紙の写真②

■考　察

　子どもからの手紙には，溢れんばかりの思いが詰まっている。文字としては
完成していなくても，まさに言葉にならないほどの思いが込められているので
ある。子どもの手紙を見て，子どもがどのような思いで，どんな姿勢で，どん
な表情で，何を思って書いたのだろうと，是非とも想像してほしい。

　読める文字ではないかもしれないが，十分に思いを感じることのできる文字
であり，思いの伝わる文字である。子どもは思いを伝え，誰かとつながる喜び
のために，文字を生み出す。人間はかつてそのようにして文字を生み出してき
たのだろうかと思い至るほどである。文字を自分で生み出したM子の手紙（写
真 8-3）から，言葉は自分の思いを相手に伝えるためのものであり，言葉，文
字は伝達の手段，道具であって，大切なのは，伝えたい誰かがいるということ，
伝えたいものがあるということ，伝えたいと思うほどに心が動いているという
ことであることを，M子の手紙から考えさせられる。

　大人，保育者は子どもに言葉の力を育もうとするとき，文字通り"言葉"，
"文字"を身に付けさせようとしがちであるが，言葉の力を育むには，まず土

台として人とつながることの喜びを原体験として育んでおかねばならないのであり，また，保育者は，保育の場において誰かに何かを伝えたくなるような感動体験，つまり，こころが動く体験を子どもが豊かに経験することができているかという点を意識しながら，保育を進めていくことが非常に重要となるのである。

　文字に興味をもち始めた頃のこれらの子どもの手紙は，"こころが動くからことばになる"ということを大人にあらためて認識させるものである。保育者には，子どもを動かすのではなく，子どもの心を動かすかかわりが求められる。そのために，目の前の子どものこころとことばを，その子自身の表現の中から保育者自身がしっかりと感じ取り，受け止め，読み取ることが大切なのである。

（2）保育者の子ども観とゆとりの重要性

　時として，保育者は自分が子どもにかかわることにより，子どもの活動，行動が目に見える形で変化し，成長することを，保育者としてのやりがい，喜びとして感じ，考えがちである。しかし，教育，保育の結果はすぐに出るものではなく，また，時間はかかっても少しずつ着実に，子ども自身が自分でさまざまなことに気づき，学び，成長していくことが大切なのである。つまり，すぐに手や口を出し，かかわるのではなく，子どもの姿を見守り，待つことこそ保育者に求められるのである。また，保育者が子どもを待つためには，子どもを自ら学び，育つ力がある者として，信頼，信用していることが必要であり，そのような子ども観に立って初めて子どもを見守ることができるのである。

　一人ひとりの子どもがそれぞれのペースで成長していく姿をそばで見守り，支えていくためには，保育者自身の子どもへの信頼と余裕がなければ成立しない。保育者は，ひとりで何名もの大切ないのちを預かり，その成長を保障していかねばならないのであり，確かに時間的，精神的に大変な部分があるのは事実である。しかし，だからといって，保育者にゆとりがないのでは，子どもはみえてこず，信頼関係を築くこともできない。保育者は心と頭と体を常に動かしつつも，一方ではゆとりをもつことが非常に重要である。

【事例5：R子のバースデーケーキ】

　園庭でそれぞれが自由に遊びを見つけ，戸外遊びを楽しむ子どもたち。保育者も子どもと一緒にありやダンゴ虫を探したり，砂遊びをしたり。保育者はふと，K子の姿が見当たらないことに気づく。いつも元気で活発なK子は，戸外遊びが大好きなのにどうしたのだろう，一度，保育室をみてみようと保育者が靴を履き替えていると，R子の「せんせーい！　こっちきて！」と呼ぶ声がする。「ちょっと待っててね」と返事をし，保育者が保育室へ戻ると，K子はロッカーの中に入り込み，神妙な面持ちである。「どうしたの？」と声をかけると，「うんち」というK子。保育者はK子と手をつなぎ，トイレへ向かう。その姿を見つけ，R子は「せんせーい！こっちにきて‼」と保育者を呼ぶ。「Rちゃん，ちょっと待っててね。後で行くからね」と返事をしつつ，急ぎ早にK子を連れてトイレへ。ようやくK子と園庭に出たとき，主任から「Oせんせい。お休みしているNくんのお母さんから電話よ」と声がかかる。職員室に向かう保育者にR子は「せんせい，早くこっちにきて‼」という。「Rちゃん，ごめんね。ちょっと待っててね」と職員室へ向かう保育者。電話が終わった頃には，もう昼食の時間。職員室前の廊下から「そろそろ，ごはんのじかんだから，おかたづけしようね」と園庭で遊ぶ子どもたちに声をかける保育者に，「せんせーい‼」と保育者を呼ぶR子。保育者は昼食の準備をするために園庭に出ず，このまま保育室へと向かいたい気持ちであったが，何度も呼ぶR子に根負けし，靴を履き替えてR子のもとへ行った。R子は「はい。せんせいのおたんじょうびけーき」と砂で作ったケーキを保育者にみせる。ケーキは小さな緑の木の実と小枝で豪華に，丁寧に装飾されている。「Rちゃん，ありがとう！　食べてもいい？」と聞く保育者に，嬉しそうに「いいよ」というR子。保育者が美味しそうに食べる姿につられてR子もケーキを一緒に食べ始め，二人でケーキを食べ終え，保育室へと向かった。

■考　察

　保育者が時間通りに保育を進めることを優先し，昼食準備に保育室へと向かっていたら，R子の思いと誕生日ケーキはどうなっていただろうか。水面下で足を慌しく動かしながらも，優雅に水面を移動する白鳥のように，保育者はどんなにゆとりがないときであっても，笑顔を絶やさず，子どもの声に耳を傾け，子どもに真摯に向き合うことが重要である。時間的，精神的にゆとりがないときにこそ，なおさら，保育者は子どもとともに心と体を動かすことを大事にすることが大切である。

　保育者にゆとりがなければよい保育は生まれない。また，明日からのよりよい保育を生み出すために大切にしたいことは保育後の省察である。子どもが帰った後，少しゆとりがあるときに，保育者は是非とも一日の保育の振り返りを行うことが重要である。子どもたちが帰った後，保育者は少しほっとしながら掃除をする。この掃除は，まさに明日の保育のための環境を整えるものであり，子どもが帰った後であるものの，掃除をしていると子どもの姿が浮んでくるものである。保育者は掃除をしつつ，さまざまな発見とともに今日の保育を振り返ることが多い。靴箱の砂の多さ，ゴミ箱の中のピーマン，ロッカーに大切そうにしまわれている木の実と小枝。保育者は掃除をしながら，子どものいない保育室で子どもの声を聴くのである。「そういえば，靴の砂を落としてから靴箱に入れることを言い忘れていた。明日，早速，子どもたちに伝えよう」「ゴミ箱の中にピーマンが捨ててあるなんて。子どもの姿を十分，みることができていなかった。どうして，捨てる前に言いに来なかったのだろう。まだ，信頼関係が築けていないのだろうか」「こんなところに小枝と木の実が。みんな，大切そうにロッカーに小枝と木の実をしまっている。子どもたちが集めたものを置いておけるかごや箱を用意しておくと，遊びが広がるかもしれない」

　保育後に掃除をしながら，保育者は明日，子どもたちに伝えることを考えたり，目が行き届いていなかったことへの反省や，知らない子どもの一面を発見するのである。子どもが帰った後，少し保育者がゆとりをもった状態で，保育環境に身を置き，整備することは，今日の保育を振り返り，明日からの保育を創造していくのに非常に重要である。倉橋惣三は次のような文章を記している。

　子どもらが帰った後
　子どもが帰った後，その日の保育が済んで，まずほっとするのはひと時。大切なのはそれからである。
　子どもといっしょにいる間は，自分のしていることを反省したり，考えたりする暇はない。子どもの中に入り込みきって，心に一寸の隙間も残らない。ただ一心不乱。
　子どもが帰った後で，朝からのいろいろのことが思いかえされる。われながら，はっと顔の赤くなることもある。しまったと急に冷汗の流れ出ることもある。ああ済まないことをしたと，その子の顔が見えてくることもある。——一体保育は……。

一体私は……。とまで思い込まれることも屢々である。

　大切なのは此の時である。此の反省を重ねている人だけが，真の保育者になれる。翌日は一歩進んだ保育者として，再び子どもの方へ入り込んでいけるから。

（倉橋，1976：45）

　保育者がゆとりをもって保育を省みるときをもつことは非常に重要である。この時間があることで保育者自身が自分の保育を見つめ，子どもと自らのかかわりを見直すことができる。そして，自らの保育への省察を重ねることで，少しずつ子どもとかかわる際に何が大切なのかがはっきりとしだし，保育者の子どもへのかかわりにもゆとりがうまれてくるのである。

参考文献

倉橋惣三（1976）『育ての心（上）』フレーベル館。

瀧川光治・小栗正裕編（2005）『保育の考え方とその実践』久美出版。

民秋言編（2008）『幼稚園教育要領・保育所保育指針の成立と変遷』萌文書林。

フレーベル，荒井武訳（1964）『人間の教育（上）』岩波書店。

（大江まゆ子）

第9章

保育の記録をどう生かすか

　　　　　本章ではなぜ記録をとることが大切なのか？　記録から何を読み取るの
　　　　か？　日々の保育の中で記録をどのように生かしていくのか？　に焦点を当
　　　　て，事例と実際の記録をもとに考えていきたい。
　　　　　これまで保育界に功績を残してきた著名人たちも，自分の保育，教育理論
　　　　を記録し残してきたのである。そのことにより，今私たちの保育を支え，今
　　　　の保育がある。記録は歴史をつくり，次世代へつなげていくためのものにな
　　　　りうるのである。また現在は自己評価が保育の質を高めるために重要である
　　　　ことが述べられ，記録を書くということが，評価の方法として用いられてい
　　　　る。自己評価はどの幼稚園でもさかんに行われ，子どもへの援助や保育につ
　　　　いて，振り返り評価し，明日の保育につなげていくことが求められている。
　　　　実習では日誌を書くのが大変だった，観察をしてもどのように記録を残せば
　　　　よいのかわからないなど，たくさんの問題と課題があるだろう。実習中だけ
　　　　ではなく働きだしてからも記録は，大切な財産になる。その財産を毎日貯蓄
　　　　し，新たな保育を見出すきっかけになるよう記録を書く，記録から読み解く，
　　　　保育につなげるといった一連の流れでみていきたい。

1　子どもと共に保育を創るために（自己評価を含む）

（1）保育の振り返りと課題

　保育は，保育者が一日の保育を計画する。それを子どもと共に再構成しなが
ら一日の保育を終える。つまり子どもと保育者がつくりだす営みである。では，
子どもと共に保育をつくるために，保育者はどのようなことを大事にしなけれ
ばいけないのか？　まず第一に，振り返りである。今日の一日の自分を振り返
る。または子どもの姿，思いを振り返ることである。振り返りは「Aちゃんに，
あの時○○って声をかけたけど，本当はどうだったのかな？」「きょうは，人
形を使ってお話をしたけど子どもたちは楽しんでいたかな？」「Kくんに厳し
く注意してしまったけど，どのような注意が必要だったのかな？」など……。
自分の子どもたちに対する援助や保育についてじっくり考える時間を与えてく

れる。つまり自分と向き合う時間なのである。第二に，振り返りを明日につなげることである。振り返った事柄を明日の保育につなげる，つまり実践である。「Ｋくんに厳しく注意をしたので，今日のＫくんの様子をしっかり見ておこう」「昨日使用した人形でさらに遊びを発展してみよう」「クラスのみんなで考えるきっかけになってほしいな」など，そこには保育者の振り返りをもとに出てきた保育者の願いが込められる。保育者の願いが，明日の保育のねらいをつくるのである。明日につなげるということは，子どもたちの成長を明日へつなげていくということである。

　このようにみると，一日一日の保育がいつも振り返りにより変更されるのか？　といった疑問も出てくるかもしれない。しかし，保育計画というのは長いスパンで計画を立てながら，目標に向かって身近なスパンで捉えていくのである。したがって，一日の振り返りを明日につなげる保育に展開するのであるが，それは１週間，１か月，１年などのねらいに向かっているということである。保育を子どもと共につくりだすということは，いつも子どもとたくさんのことを共有しているということであり，共有したことを今度は子どもと共に共感していく。そのために振り返ったことを記録に残し，子どもの成長を見届けるのである。この一連が自己評価にもなるのである。自己評価をするとマイナス面ばかりが見えてきて，落ちこんでしまうといった保育者も少なくはない。しかし，冒頭にも述べたように，保育は子どもと共につくりだすのである。マイナス面もあれば，保育者として嬉しかったこと，楽しかったことなども必ずあるだろう。その保育者としての思いも振り返りには大切なのである。それゆえに評価は，できる・できないを発見することではなく，現在の姿を明日へつなげる肯定的なものでなくてはならない。

（2）子どもの姿をどう見るか

　2002（平成14）年４月に施行された幼稚園設置基準の改定で，幼稚園現場の中に自己評価や他者評価，第三者評価が求められるようになった。しかし，現場の保育者たちは，そればかりに時間を費やし，実際はその「評価」したことが，保育や子どもたちに反映されていないという事実もある。これは，「評

価」という言葉が，さまざまな意味をもって保育，教育現場に入り込んできて
いることからだと言える。「評価」が求められるようになった根底には，保育
や保育者の資質向上がある。保育者が自分自身を振り返り，課題をみつけてい
くことにより，保育者だけでなく，保育の質も高められるという考えである。
評価内容については，たとえばいくつかの項目があり，○や×をつけていく形
式もあれば，園独自の記録に記入していくものもある。それぞれの園で，「評
価」についてはいろいろな努力がなされている。しかし，一番危険なことは
「評価」ありきの保育になってしまうことである。つまり評価のための「結
果」を生みだし，子どもや保育者の結果に至るまでのプロセスを見逃してしま
うことである。「評価」を考える際に，まずは目の前にいる子どもの姿をどう
みるか？　ということが大切である。

　そこで，現在保育界で注目されているニュージーランドの評価ツールとして
使用されている「ラーニングストーリー（学びの物語）」に学びたい。ニュー
ジーランドでは幼児教育の枠組みとして「テ・ファリキ」というカリキュラム
が実施されている（これは，日本でいう幼稚園教育要領のようなものである）。
「テ・ファリキ」は保育者だけでなく，親やコミュニティなど誰もが実施でき
るようにつくられており，この「テ・ファリキ」を基にして（保育者と親との
共通理解というように）子どもの記録をとる。この記録が「ラーニングストー
リー」である。時系列に子どもの姿を記録していくのではなく，ある場面の子
どもの姿を記録していくものである。この記録の意図する点は，保育者の「観
察する力」を養い，評価ツールとして使用されている点である。

　ここで，「ラーニングストーリー」が日本の「記録」や「評価」と異なる点
は，ニュージーランドの幼児教育カリキュラム「テ・ファリキ」に基づいたも
のであり，評価は子どもの姿をアシストする内容であることが一貫されて位置
づけられていることである。保育者は，「ラーニングストーリー」を用いて，
ありのままの子どもの姿を記録し，振り返る。そして子どもの記録を「テ・
ファリキ」に照らし合わせ，子どもの発達段階や目標，達成といったものを示
すのである。その際，評価の方法は，何かができている・できていないことを
みつけようとするのではない。今の子どもの現状をしっかり把握し，肯定的に

その姿を捉え，それに見合った保育の提案や展開がなされているか，この両者の視点が評価となるのである。さらに，子どもは常に前向きに学びのストーリーを創っているという視点に立っていることが重要になる。ここでは，ニュージーランドのラーニングストーリーをすべて真似せよということではなく，評価の考え方，子どもの姿の捉え方について学びを得たい。ラーニングストーリーのように，観察を行いながら子どもの姿を中心とし記録をとっていき，子ども理解を深めていく方法として学ぶべきところは多い。また保育者としても今の子どもの姿を把握することで実践にもつながっていく。そして何よりも，子どものありのままの姿をどのようにみるかという姿勢，肯定的姿勢は，現在の保育の中で大変重要である。

　子どものさまざまな姿をどうみるかをいつも自問自答しながら，記録に残していくことが，子どものあらゆる場面のプロセスに出会っていくことではないだろうか。子どもの姿をどう見るかは，いつも子どもの学びのプロセスの中にあると考え，日々の記録を保育につなげていってほしい。

2　保育の記録から

（1）記録からの読み取り

　書くことによって振り返ることができるのが記録である。自分の子どもへのかかわりはどうだったか？　子どもの姿から気づいたものは何か？　その時の自分や子どもの気持ちはどうだったのか？　など記録は私たちに大きな示唆を与えてくれる。また自分の保育観や子ども観まで垣間見るというものである。書いて終わりではなく，書いたことからの読み取りまで行うので，保育者は毎日記録に追われ，大変な時間を要しているのも事実である。

　しかし，保育の記録は子ども理解と自己理解を行うものでもあり，理解することによって受け入れることができたり，援助の手助けになったりする。そこで具体的に事例から考える。事例は，ある保育者が子どもたちの遊んでいる姿について記録したものである。

> **記録1**：A子は，どんぐりの木の下に落ちているどんぐりを，カップの中に集めていた。砂場ではB子がプリンを作ったり，ケーキを作ったりして遊んでいる。B子はA子に，「どんぐり集まった？　こっちはできたから早くきて！」と少々強めの口調で，A子を呼んだ。私は，とっさにB子に「そんなに強く言わなくてもいいんじゃない？」と声をかけた。

　この記録1から何を読み取るのか？　たとえば，保育者のとっさの声かけについてはどうだろうか？　またとっさに声をかけた保育者は，どのようにしたかったのか？　声をかけた後B子はどうしたのか？　また2人の関係はどうだろうか？　B子はA子に少し強めの口調で話すという様子をみて，どのような関係であるのか？　またB子に呼ばれたA子はそのあとどうしたのか？　A子の気持ちはどうだったのか？　いろんな想像ができる。このように，記録1の情報では不十分であり，他人が理解しようとすると困難である。その後の子どもの様子を書いておくことや，その時の保育者の思いを記すと，次にそのような状況が起こった場合，どのようにかかわることがよいのかがみえてくる。

> **記録2**：朝の自由遊びの時，いつも仲良く遊んでいるKくんがRくんをたたいた。Kくんはそのあと泣きながら，「とるな！」と言って，Rくんに背中を向けた。しかし，Rくんはたたかれたことに腹を立て，Kくんをたたき返した。それを見ていた女児が，「先生，けんかしてるよ」と言いにきたので，駆け付けるとたたきあいになっていた。私はすぐに2人の間に入り，とにかく落ち着くように話をし，理由を聞いた。Kくんはもっていたブロックを取られたからたたいた。Rくんはたたいてきたからたたいた。と話す。私はお互いに謝るよう伝え，ブロックはKくんに渡した。

　記録2の保育者は子どもの"たたく"という行為ばかりに意識がいき，2人で謝ってこの状況を終わらせている。しかし，Kくんのたたくほどブロックを取られたくなかった気持ちや，背中を向けて泣くほどの気持ちについては触れられていない。確かにたたくことはよくないことであるが，この記録の場合，Kくんの気持ちに目を向けることも必要である。Kくんの気持ちを受け入れ，Rくんに伝えるというかかわりがいるのではないか。Rくんもたたかれたことに腹を立てているが，実際には最初にブロックを取ったということから始まっ

ている。その理解がどこまでできているのか？　保育者の援助の反省や課題は
書くことによってみえてくるのである。

> 記録3：七夕製作の活動で，C子は七夕の飾りにするロケットを作っていた。いろ
> いろな素材の紙をロケットの土台に張り付け，ペンで模様を描くなどC子はとて
> も集中して取り組んでいた。私が，「素敵なロケットね。Cちゃんが作ったロケッ
> トで彦星様とおり姫様も会えるね」と言った。するとC子は「ちがう。このロケッ
> トにお願い事書いて，お空に持って行ってもらうの」と言って，願い事の書いた
> 短冊をロケットにつけていた。このC子の言葉で私は，子どもの作品への思いを
> 実感した。C子にとって，七夕まつりの楽しみは，お願い事が叶いますように
> ……ということであり，願い事をかなえるために，作品がC子にとって意味ある
> ものとして作りあげられていることに気付いた。C子だけでなく，一人ひとりの
> 作品に込められた思いをしっかり感じていくことができるようにしたい。

　記録3は七夕の製作活動を通して，子どもの活動に参加する姿に出会った保
育者の気づきが書かれている。私たちは，子どもの言葉や姿から，たくさんの
気づきを与えられる。この気づきは，子どもの成長であったり，自分自身の姿
であったりとさまざまである。こうした気づきは，自分の子ども観や保育観が
新たに見直される時でもある。記録を書くということは，自分のフレーム，つ
まり今まで自分がもっていた子どもの見方や，保育の考え方などの枠組みを常
に新しいものへと導いてくれるものなのである。

（2）主観と客観の必要性

　保育の記録は，保育者や子どものためだけではない。たとえば，保護者に書
く連絡帳やクラスだより等も記録である。この場合は，保護者に伝えることが
目的になるので，先ほどの記録とは少し異なってくる面もあるが，共通してい
ることは，具体的に書くということである。よく，「楽しんで遊んでいまし
た」「○○くんは楽しそうに遊んでいました」「元気に外で遊びました」という
ような書き方をして終わる記録を目にする。こうした記録で子どもの様子がど
こまで伝わるだろうか？　「元気に外で遊んでいました」というのと，「友達と
おにごっこをした後，鉄棒で前回りの練習をしていました」というのでは，ど

のように違うだろうか？　また，「○○くんは楽しそうに遊んでいた」というのと，「○○くんは，最近自転車で遊んでいるときは夢中で，いつも朝は，真っ先に自転車へ走っていきます。きっと○○くんは，自転車が乗れるようになって嬉しいのでしょう。その様子が伝わってきます」というのでは，一人の子どもの記録が違ったものになってしまう。また，保育者の理解を少し入れることにより，この先生はそのように理解しているのだということが伝わってくる。

　このように，保育者の主観的な見方や気持ちを込めたり，「私はこう思ったけど，このような見方もできる」といった客観的な見方も入れると，具体性が増し，記録を読む側に立った場合，その状況がイメージされる。そうすることにより，他の保育者との共通理解や，保護者との連携など保育の実践につながっていく方法が具体的になっていくのである。ありのままの子どもの姿を時系列に書いていくことも大切であるが，記録を保育に生かしていくために，ありのままの姿の中に保育者の主観と客観的視点を入れていくのである。

3　保育実践を深めるためのアプローチ

（1）記録から実践へ

　保育では，専門的知識と技術が必要である。記録を書くといっても，子どもの発達や，生育環境，また人とのかかわりなど保育者として一人の子どもの理解を深めていかなければいけない。保育実践というと，クラスで行うための保育内容ばかり取り上げられる場合があるが，保育内容を考える際においても，子どもを理解するということは必要である。理解したうえで，実践するからこそ，保育が深まっていくのである。

　それでは保育実践につなげるために，以下の事例記録を読み，どのように読み取ったのかを記入し，課題を見つけてみよう。そして次の日の保育を考えてみよう。

記録4：Sは気の合った友達といつも一緒にいる。外遊びをするのも，クラスでゲームをするときも，隣にはいつも同じ友達といる。今日は，いろんな友達とかかわることができるように，2人組や3人組，4人組というように，かかわりを深めようと歌遊びで遊んだ。私は，できるだけ「今と違うお友達とグループになってね」や，「男の子と女の子で」というように声をかけた。しかし，Sは同じ友達としかグループになっていなかった。

保育者の姿の読み取り

子どもの姿の読み取り

課題

明日の保育

次に，自分で記録を書き，先ほどの事例記録と同じ流れをしてみよう。

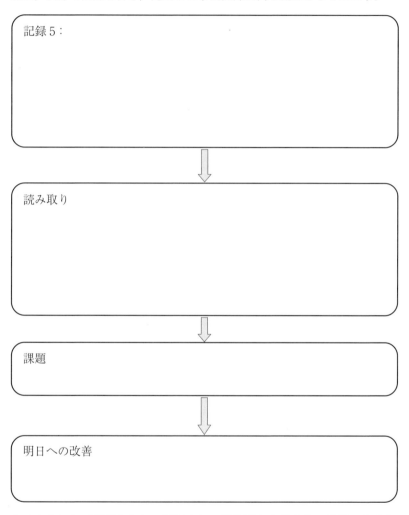

記録5：

読み取り

課題

明日への改善

　このようにして記録をとり，記録からの読み取りを行うと，普段のカリキュ
ラムには書かれていないねらいや保育の内容，子どもの姿がみえてくる。実は
この読み取りが大切なのである。一人ひとり違うということは，記録をとり，
記録からの読み取りによって初めて実感するものである。この積み重ねが一人
ひとりへの援助，つまり実践につながっていく。

【例1】

《絵本リスト》
年中組（りす組）

4月

・『かばくん』岸田衿子作　中谷千代子絵　福音館書店
・『ぐりとぐら』なかがわりえこ文　やまわきゆりこ絵　福音館書店

5月

・『たろうのおでかけ』村山桂子作　堀内誠一絵　福音館書店
・『のろまなローラー』小出正吾作　山本忠敬絵　福音館書店

6月

（2）もうひとつの記録：形にするということ

　これまで述べてきたような子どもの姿の記録では，子どもの姿や保育者のかかわりについては，目に見えないことを言葉にしていく作業や，目に見えることを書いていく作業を行っていく。保育実践についての記録も同様に考えると，たとえば，毎日歌う歌のリストや，保育の中で行ったゲームのリスト，遊びリストというように，そこには内容や子どもの状況，準備物など詳しく残しておくと，自分の財産となっていく。保育者は，いろんな保育雑誌や本を基に保育内容を考えたり，さまざまな保育技術を常に実践しているにもかかわらず，形として残っていないことが多い（日案等とは別）。形にするということは，記録と同じであり，これもまた日々の記録の積み重ねにより，保育に生かされていくのである。しかし日々の忙しさなどにより，こうした作業は後回しにされることが多い。子どもたちの記録から振り返ること，子ども理解への読み取り，実践につなげる記録と同様，自分自身の保育研究を深めていくことも大切である。そのためのツールとして，例に挙げるような記録を作成し，形にすることで自分の保育観の一助となるのである。

【例2】

《教材リスト》
○ペープサート
・虫歯予防デーに使用『はははのはなし』
・誕生会に使用『動物達のお祝い』(うさぎ，りす，きつね，くま)
○パネルシアター
・七夕まつりで使用『おり姫様と彦星様のおはなし』
○指人形
・おおかみと七ひきのこやぎ
○パクパク人形
・節分用のおに
・ぶた

　例1のように，自分のクラスで読んだ絵本をリストにしておくと，振り返った時に，「ああ，この絵本を読んだな」「この絵本は子どもたちが大好きで，何度も読んだな」など，絵本を通して，子どもとのかかわりが思い出されたり，クラスで楽しんだお話として残っていく。

　例2のように，学生時代から自分で作ってきたものなどをリストにしておくと，「～のときには，こんな視聴覚教材が使えるな」といった引き出しになっていく。また，このリストをどんどん増やしていきながら，自分なりの教材記録を作成しておくとよい。このように整理しておくことで，子どもの興味を引き出したり，子どもとつながる一つの材料になるのである。

　例3のように，子どもと楽しんだ遊びを記録しておく。年齢別にするのもよ

【例3】

《遊びリスト》

○ゲーム

―お引っ越しゲーム―

ルール：フルーツバスケットと同じルールであるが，♪お引っ越し，お引っ
　　　　越し，誰と誰がお引っ越し？の歌に合わせて，椅子を移動する。

年齢：3歳から

子どもの様子：慣れてくるとリーダーになりたがる子どもがいる。
　　　　　　　最初は保育者が，いろんなレパートリーの条件を出していく
　　　　　　　と，子どもからもいろんなアイデアが出る。

○外遊び

―しっぽとり―

ルール：縄跳びをおしりのところにつけ，Aチーム Bチームに分かれてお
　　　　にごっこを行う。その際，お尻につけている相手チームの縄跳びをと
　　　　り，多く縄跳びを取ったチームが勝ち。

年齢：4歳から

子どもの様子：ルールを変えれば，3歳からでも遊べる。たとえば，先生の
　　　　　　　しっぽを取るなど。子どもにとって縄跳びの数で勝負がわかり
　　　　　　　やすい。

○わらべうた

いし，遊びの種類に分けてもよい。さまざまな方法があると思うが，これは自
分が一番見やすい書き方で，しかもどんどん書き込んでいくことができるのが
よい。

　このように，絵本や遊び，教材等の本も，本屋さんに行けばたくさん置いて
いる。ここで大事なのは，自分の保育を形にしていくということである。今目
の前にいる子どもとの楽しさの共有や，クラスの中での遊びを展開していくこ
となどこれは，その子どもとかかわっている保育者（担任）しかできないこと
なのである。その子どもと分かち合った時間や物を記録に残し形にしていくと
考えれば，〈もうひとつの記録〉も，保育の記録なのである。

参考文献

今井和子（2001）『改訂版　保育に生かす記録の書き方』ひとなる書房。

「レッジョとテ・ファリキ」『現代と保育』第69号，ひとなる書房（2007. 11）。

財団法人全日本私立幼稚園幼児教育研究機構編（2006）『私立幼稚園の自己評価と解説』フ
　　レーベル館。

「特集　日常の記録を生かす自己評価」全国社会福祉協議会『保育の友』第57巻第14号（2009,
　　12）。

（猪田裕子）

第10章

幼児教育・保育に活かす情報メディア
——遊 具 編——

　　現代社会におけるメディアの浸透は，人々の生活を豊で便利なものにして
　きた。しかし，一方で，生身の身体を通した人とのかかわりは希薄化し，溢
　れ返る情報提供をもとに我々は社会や組織の一員として巧みに組み込まれて
　いる。つまり，便利さは，同時にさまざまなリスクをも伴うのである。
　　このような社会状況の中，子どもを取り巻くメディアといっても，それは
　一言では説明できないほど多種多様なものが氾濫している。
　　そこで，この章では幼児教育・保育という視点から，子どもを取り巻くメ
　ディアの存在を省みることで，メディアリテラシーの獲得をめざし，さらに
　は保育者としての専門性をも問いかけていく。これにより，真の意味での幼
　児教育・保育に活かすメディアの位置づけが可能となるであろう。

1　いのちを結び，育むメディアとしての絵本

（1）絵本というメディア

　メディアという言葉をよく耳にするが，一体，メディアとは何であるか。辞
書を引いてみると，「メディア【media】①媒介するもの。媒体。「マス—」②
手段。方法」とある。メディアと聞くと，テレビ，新聞，ラジオ等や，イン
ターネット，コンピューター，携帯電話といった電子情報機器をイメージする
ことが多いが，けっしてそれだけではない。しかし，私たちの生活の中でこれ
らのメディアを日常的に使用し，直接に誰かと対面することなく，やりとりを
交わすことが一般的になりつつあることは事実である。

　人間は日常生活の中で成長，成熟してゆく。言い換えると，日常生活の中で
自分自身がつくられていくのである。このことはつまり，日常生活に変化をも
たらすメディアの登場により，私たち人間の意識，関係にも変化が生じるとい
うことである。ここで，自分自身の生活を振り返ってみたい。インターネット
や携帯電話が日常生活に浸透しつつある中で，無言で画面を覗き込んでいる時

間は一日24時間の内，どれほどであろうか。もし，手に携帯やインターネットがなければ，一体，その時間，私たちは何をしているであろうか。隣に居合わせた誰かと会話が生まれるかもしれない。戸外で美しい花に出会い，季節を感じるひとときがあるかもしれない。もちろん，携帯，インターネットを使用していても誰かと会話をし，季節の花を愛でることは可能である。また，携帯があるからこそ，遠方にいても身近に感じ，つながっていられる人間関係もある。インターネットで季節の花が咲き乱れる風景を見て，現地に赴こうと行動に移すこともあるだろう。そして，人生の伴侶と出会うこともある。

　しかし，保育者になるものとして考えなければならないことは，大人に浸透している便利なメディアは，子どもの成長にとってどのような影響を与えるのかということである。タバコの副流煙による受動喫煙のように，大人が自分にとって便利な情報環境に浸かり，好き勝手に日常を生きることにより，子どものいのちの危機を脅かす重大な影響をもたらすことは果たしてないだろうか。私たちはこのことに意識的になっておく必要がある。

　ノンフィクション作家である柳田邦男は「二十一世紀のケータイとパソコン（ネット）は，機械を通してのバーチャル・コミュニケーションの比重を圧倒的に大きくし，人間同士の生身の接触を希薄にしつつある。母親が授乳中にケータイのメールに熱中するというのは，肉声と肌の接触と目を見つめ合うことが不可欠の母親と赤ちゃんの間にメールが侵入し，生身の接触を断つという意味で，人間関係希薄化の極致というべきだろう」（柳田，2009：12）と指摘し，テレビ，ゲーム，ケータイ，ネットといったメディアが母子関係や子どもの心の発達に及ぼす影響について警鐘を鳴らしている。また，「自分の自由時間の大半をケータイ・ネット，ゲーム，テレビというバーチャル・メディアを相手にしているということは，生身の親兄弟や友達との接触が極めて少なくなっていることを意味する。それでは子どもの人格形成がまともに進むわけがない。バーチャル・メディアとばっかり接していると，①自己中心的になり，他者の心情を理解する力が育たない，②自分が他者を支配できるような全能感に陥る，③バーチャルな世界と現実（リアルな世界）の区別がつかなくなる，④断片的な言葉のやり取りに終始し，生身のコミュニケーションの場合のように，相手

の反応を感じながら，共感したり深く考える習慣が生まれない，⑤匿名発信に慣れることによって，野獣のような別人格が前面に出てきて，そのまま人格に組み込まれていく，⑥依存症的になる，などのゆがみが生じてくるおそれがある。ケータイ・ネットの影響の重大さは，直接的な有害情報の次元だけでなく，まともな人格形成を危くするところにある。これは人類史ではじめての経験である。そのことこそ，議論の対象にしなければならない課題なのだ」（柳田，2009：43）と，一見，便利で私たちの生活にもはや必要不可欠になっているケータイ・ネット，ゲーム，テレビといったメディアが，人間の人格形成において見えないところで取り返しのつかない影響を及ぼしつつある現状を指摘する。そして，柳田氏は，絵本の読み聞かせこそバーチャル・メディアといわれるものによって失われた人間の生身のコミュニケーションを取り戻す最適なメディアであると主張し，"ケータイ・ネットより絵本を！"と絵本の読み聞かせを促進するさまざまな活動を行っている（柳田，2009）。

（2）大人と子どもを結ぶもの

　保育現場においては，絵本は今も昔も変わることのない子どもと大人を結ぶ非常に重要なメディアのひとつである。絵本には人生を豊かにするメッセージがたくさん詰まっている。絵本は，その多くがこれからを生きる子どもに向けてつくられたものであり，人生において大切なことは何か，また，この世界の楽しさ，美しさ，面白さ，奥深さについて，そして時には，悲しみ，切なさといった人生の苦味をも教えてくれる。絵本は，今とこれからを生きる子どもたちよりも，少し多く生きてきた大人たちが見つけた"人生をより豊かに過ごすためのエッセンス"を，世代を超えて継承していく重要なメディアである。

　また，絵本は文字の読めない子どもにとっても，話がまだできない子どもにとっても，保育者や親との間に非常にコミュニケーション的なかかわりを生み出すものとして非常に有効なメディアである。コミュニケーション的なかかわりとは，相手の反応をみながらこちらのかかわり方を変容させつつ，両者の意思疎通を図るようなかかわりの仕方である。子どものありのままを受容するために，保育者は自分のあり方，かかわり方を変容させていかねばならない。

　保育者は絵本を読むとき，子どもの表情や仕草を見ながら，その子がどこに面白さを感じているのか，興味をもっているのかを探りながら，言葉を発し，絵本を読み進めたり，ページをめくる間合いをはかったりする。ただ，読むだけではない。保育者はその子に，あるいは今日のこの子どもたちに絵本を選び，読むのであって，絵本は非常に双方向的なメディアであることがわかる。もっと厳密に言うならば，絵本からのメッセージと，目の前の子ども，保育者の三者の相互関係によって成立するものが絵本の世界であり，絵本はきわめて人と人とを時空を超えてつなぐメディアとしての性格をもつものといえる。

　そしてまた，子どもは絵本を何度も読んでもらう中で，次の展開を予測し，まだ話すことができないうちから“ねっ，せんせい，つぎはネコがでてくるんでしょ”と言わんばかりに目をキラキラさせながら保育者を見つめる。ワクワクドキドキといった期待感，そしてページをめくった瞬間，“ほら，でてきたでしょ”と言わんばかりにきゃっきゃと喜び，保育者に視線を送る。喜び，嬉しさを保育者と共有したいのである。まさに，誰かと気持ちを分け合う，心をひとつにする，人とつながる体験が絵本の周囲にはある。保育者は絵本をメディアとして，保育の中で子どもと気持ちを通わせ，子どもに人とつながる力，見つめ合い，互いの存在を認め合い，コミュニケーションすることの喜びを育むことができる。あたたかなスキンシップと，直接的なやり取りを伴う絵本の読み聞かせを通して，保育者はひととつながることの喜びを，人生における原体験として乳幼児期の子どもたちに伝えていかねばならない。

（3）大人に気づきをもたらす

　また，保育現場におけるメディアとしての絵本は，子どもと保育者を結ぶものとしてのみならず，子どもと保護者との心の結びつきを強めるメディアとしても有効である。ある保育所では，毎週木曜日に絵本を貸し出し，翌月曜日に返却するという絵本貸し出しの活動を行っている。また，月の第1木曜は親子で降所前に絵本を選ぶ親子貸し出しの日を設けている。木曜日の絵本貸し出しは，週末の少しは保護者の時間的，精神的余裕があると思われるときに，子どもと絵本を通して触れ合う機会を生み出すのに一役かっている活動であり，保

育の場を離れても，絵本が家庭に持ち込まれることにより，各家庭において子どもとしっかり向き合って欲しい，親子が互いに向き合う時間を生み出したいという保育所の理念が息づいている。

　ある母親は「月曜に返却しなければならないので，少なくとも日曜の夜に1度は子どもに絵本を読んでいた。最初は絵本を借りてきたまま，絵本袋の中に入れっぱなしで，日曜の夜に明日返却しなければならないことに気づき，返す前に一度は読まなくちゃと，日曜の夜，ひどいときは月曜の朝，子どもが朝食を頬張っているときに駆け足で読むこともあった。そうするうちに，もっと余裕のあるときに時間を見つけて読んでおけば，日曜の夜や月曜の朝に慌しく読まなくても……と思うようになり，平日の夜，早めに布団に入って読むようになった。すると，その時間が楽しくなり，今では木曜『今日は何の絵本を借りてきたの？』と子どもたちに聞くようになった。また子どもも絵本を読んでもらう時間が楽しみなようで『おかあさん，きょうはこれかりてきたよ！』と嬉しそうに持ってきたり，『はやくお布団にいこう』と自分でテレビを消し，布団に行くようになったりもしている。私も早めに家事を終え，パジャマで子どもと布団に入ると，本当にゆったりとした気持ちで絵本を楽しむことができる。5歳と2歳の子どもたちにぴったりと挟まれて川の字に並び，互いの体温を感じながら楽しむ絵本は一日を終えるひとときにふさわしく，幸せな気持ちでいっぱいになれる。仕事に追われ，忙しい毎日だけれど，この子達がいてくれて，親になることができて本当によかったと感謝の気持ちでいっぱいになる。家にも絵本はあるが，保育所での絵本貸し出しで持って帰ってくる絵本は，また違った楽しみをわたしたちに与えてくれている」という感想を述べている。絵本は子どもだけでなく，大人にとっても大切な学びと気づきをもたらすものである。

　これからを生きる子どもたちに，保育者が伝えていかなければならないものは何であろうか。それは，いのちの喜び，尊さに他ならない。自分の存在は愛されるべきもの，愛すべきものであり，また他者の存在も同様であるということである。子どもは胎内，母からの分離を経て世の中に誕生する。そして，自らを取り巻く誰かの手によって，自分自身とこの世の中のことを確認していく

のである。人間は誕生を経て，毎日を生きる中で，再び，誰かとつながることの喜びを噛み締めながら人生をつむいでいく。

　より豊かな生活と人生を創造していくために，メディアをメディアとして使いこなす力をもった子どもを育てることのできるよう，まず乳幼児期においては直接的な人とのかかわりの中で，自己と他者への基本的信頼感を養うことが非常に重要となる。そのために，子どもが保育者とつながる，保護者とつながる，友だちとつながるためのメディアとして，保育現場において保育者が絵本を活用していくことが大切となるのである。

（大江まゆ子）

2　かかわりを育むツール

（1）そもそも保育の中のメディアとは？

　保育の場は子どもにとって集団生活の場である。子ども同士，子どもと保育者というように，人とのかかわりの中で子どもが育っていくのである。現代の電子メディアは集団でありながら，人間関係を築かず，コミュニケーションがない集団を作ってしまう危険性もある。実際に保育現場ではコンピューターを子どもたちが使用できるように，ルールを決め，お絵かきソフト，英語教材ソフト，文字や数字などのソフトを使う園もある。ほかにも，最近は保育現場の中に積極的にメディアを取り入れる園も多くなってきており，保護者との連絡も専用のソフトを用いたり，保育中の子どもの姿を映し出すというようなビデオカメラを使うなど，大人の世界も子どもの世界も電子メディアの普及は高い。このように現代社会の中で電子メディアなくして生活ができないというほど，情報を得るためのツールや誰かとかかわりをもつためのツールとしても使用している。もちろん電子メディアを通して便利になり，時間が短縮され，生活スタイルも変容したことはいうまでもない。こうした若者，大人社会を乳幼児期に取り入れること，また保育現場においての必然性を考えたい。

　そもそも保育の中のメディアとは，電子メディアだけでなく，情報を得たり，表現するためのツールとして，また媒体のものと広義に考えると，遊具や絵本，

紙芝居，ペープサートやパネルシアターといった教材もメディアの一つとなる。また散歩に出かけると出会う自然のものもメディアと考えることはできないだろうか？　そうすると，保育の中に何を取り入れるのか？　保育者として見極め選択する必要がある。たとえば，子どもがバッタに興味をもち始めた。バッタについていろいろ調べようと，A先生はiPadを使用し子どもと一緒にその場でバッタについて調べ始めた。iPadでは指をあてるだけで，どんどん画面が変わりバッタの特性がすぐにわかった。B先生は，子どもと一緒に図鑑を図書館に探しに行ったり，図鑑を見つけると，子どもと一緒に一つひとつをページをめくりながら見た。また，A先生もB先生も子どもと一緒に調べた後，虫取りに出かけ，バッタを捕まえ観察した。このような例についてあなたはどのような感想をもちますか？

　またこのような例はいかがですか？　昨今，課外活動の中で，英語を取り入れる幼稚園が多くなってきた。A幼稚園では，英語教材を使って保育を行っている。英語の歌や，単語がでてくるようなDVDを使ったり，フラッシュカード（カードに絵と単語が書かれている。それを1枚ずつ音読したり暗唱しながらめくっていく）と呼ばれるもので子どもに単語を教えたり，英語のCDを一日かけている。またテレビのリモコンを変えれば絵と単語と発音が出てくるといったコンピューターソフトも使っている。またB幼稚園では，園庭や，戸外にでかけ，見るものに触りながら，感じながら英語の単語を伝えていく。子どもと会話をしながら，英語に慣れ親しむ環境づくりを心掛けている。どちらが悪い例，良い例というのではなく，たとえば前者の例では，落ち着いた状況の中で英語の単語を一つひとつ覚えていくというような状況が思い浮かぶであろう。しかし，DVDやCD，コンピューターソフトなど商業目的からうまれるメディアも多い。たとえばキャラクターを使用して教材を作成する。子どもにとっては興味をひくものであるから，園でも使用しているところは多い。後者は，先生とのかかわりから，英語に慣れ親しむことを目的としているため，英語を覚えるという事では，時間がかかることである。そして先生との関係のもとで行われる英語保育のため，先生自身の影響力も大きい。

　このようにメディアを通して行われる保育は，どんどん増えてきている。メ

ディアは子どもたちの読み・書きを助けるものとして使用されたり，遊び道具のひとつとして使用されたりと方法はさまざまである。さらに，今までは電子メディアが子どもに対して悪影響を及ぼすといわれていたが，向社会性を促すといったよい影響もあるという最近の研究もある。このような研究がどんどん進むにつれ，メディアも当然進化し続ける。保育現場にも電子メディアの可能性が広がっていくであろう。その中で"保育の中のメディア"ということに焦点を絞ると，子どもが周りの環境へかかわろうとするものについて，保育者は教育的配慮をする必要がある。直接的体験が必要な場合もあるし，間接的体験をすることもある。そのために保育者は子どもにとってよいものを見極め，取捨選択していかなければいけない。

（2）保育の中のメディアリテラシーをどのように考えるか

　幼児期におけるメディアリテラシー教育について，最近は研究も進んできている。発達の側面から，社会心理学の側面からというように，さまざまな角度から研究が行われている。幼児期の読み書きについても，いろんな議論があると思うが，幼稚園教育要領をもとに，幼稚園教育を考えると，幼児期において正しく読み書きができることではない。文字や数に関心をもったり，感覚を豊かにしていくことが大切なのである。また，幼稚園教育は遊びを通して行う保育である。保育の中でメディアを媒介とし遊びがあることが大切である。

　子どもたちの生活の中で，実は文字や数に出会う場面というのは多くある。朝登園してきて，お帳面にシールを貼る。その時には今日は何日？　と数字に出会い，出席点呼をすると，欠席者を一緒に数えたり，縄跳び何回飛べた？と数えたり等，自然と言葉に出し，目にしているのである。

　では，遊びの中でこうした数や言葉に触れながら遊ぶゲームについて紹介する。保育現場でも楽しまれているカードゲームなどである。

【ハリガリ】

AMIGO 社／ドイツ

―遊び方―

① カードをよく切って全員に等分に配る。

② 自分のカードは裏返して持ち，上から順番に1枚ずつ出す。
（写真のように）

③ ベルの周りに出ているカードをよく見て，同じフルーツの数の合計が5になったら，気付いた人がベルを鳴らす。

④ ベルを鳴らした人は，出ているカードを全部もらうことができる。

⑤ カードの多い人が勝ち。

《応用編》イチゴのカードが出たらベルを鳴らす，3が出たらベルを鳴らすなど年齢に応じてルールを変えていくことができる。

　このゲームは，ベルを鳴らすおもしろさがあり，子どもたちはベルを鳴らしたいために必死になって，カードを見ている。年齢によって，いろんな遊び方があるので子どもたちとルールを決めながら遊ぶこともできる。それゆえに，数を意識してゲームの中で教えるという感覚ではなく，遊びの中に数字にかかわるルールが出てくるといった具合である。そして年長組（5歳児）くらいになると，同じフルーツの合計が5になるように，数えるだけでなく，「あと○○のカードが出たら5になるね」というように，5は2と3でできるというようなことまで気づくのである。

【ディンゴ】

AMIGO 社／ドイツ

　―遊び方―

① 一人1種類のカードを選ぶ。（遊ぶ人数によって，カードの枚数が決まる）

② カードをよくきって，5枚ずつ見えないように配る。この時チップも3枚ずつ
　配っておく。

③ 自分のカードがほかの人に見えないように持ち，「せーの！」の合図で好きなカー
　ドを一枚裏向きにして右隣の人に回す。左隣の人から送られてきたカードは自分の
　カードとして見ることができる。

④ 同じ種類（動物）のカードを5枚そろえることができたら，「ディンゴ！」と言っ
　て，真中に手を置く。他の人はその声を合図にして，上に上に手を重ねていく。

⑤ 手を置くのが一番遅かった人が，「ディンゴ！」と言った人にチップを一枚渡す。

　このゲームはスピード感を味わいながら，どんなカードが回ってくるのだろ
うというドキドキ感がおもしろい。自分のカードを見ながら，どの種類を集め
るかを決めるが，ゲームが進んで回ってくるカードは必ずしも自分のほしい
カードではない。そうすると瞬時に作戦変更しなければいけない。5枚のカー
ドを集めるが，持ち手のカードの種類の数によって，勝負につながる。

【家族あわせ（カルテット）】

Altenburg 社／ドイツ

　―遊び方―
① 全てのカードを配る。
② 同じ種類のカードを4枚集めるために，誰か特定の人を見つけ，「○○さん，体のマークをください」と必要なカードを尋ねる。
③ 尋ねられた人は，正直に持っていればカードを渡し，持っていなければ「ありません」と答える。
④ 同じマークのカードが4枚組になったら自分の前に並べて置いておく。
⑤ 4枚組（カルテット）をたくさん集めた人の勝ち。

　このゲームは，4枚のまとまり（それぞれマークによりまとまりが作られている）を集めるために，相手が何を持っているのかを推察しなければいけない。その際に相手の名前を呼んで言葉でやりとりを行う。その言葉によってゲームが進められていくため，周りの人の言葉もきちんと聞いておかなくてはいけない。またあと何枚カードが必要なのかなど，4枚組をつくるための方法も考えないといけない。

【クラウン】

Ravensburger 社／ドイツ

―遊び方―

① ゲームの準備として，それぞれのカードの左端にある数字ごとに分ける。

② 順番を決め，サイコロを振り，出た目の数（右端に書かれている）を左端の数字
　1からもらう。

③ 自分の前に左端の数字1～8までのカードをそろえ，ピエロをつくっていく。

④ サイコロを振り，出た目の数がすでに他の人が持っている場合は，そのカードを
　もらうことができる。

⑤ 一番背の高いピエロが勝ち，一番背の低いピエロが勝ちなど勝負を決めて遊ぶ。

　このゲームはサイコロの出た目によって，ピエロが出来上がっていく。自分
のピエロにおもしろさを味わったり，他の人のピエロと比べて愛着をもったり
など，ゲームを進めながらピエロが変化していく様子がおもしろい。また幼児
も，見た目で背が高いピエロだから勝ちなど勝負もわかりやすい。

【スティッキー】

HABA 社 / ドイツ

―遊び方―

　いわゆる棒倒しゲームと同じである。順番にサイコロを振り，サイコロの出た目の色と同じスティックを1本抜く。抜くときに，残りのスティックを倒した人が負け。

《応用編》スティックごとに点数をつけ，（青3点，赤2点，黄1点等）持っているスティックの得点が一番高い人の勝ち。

　集中力を必要とし，どのスティックがどんな立ち方をしているかなど，観察力も養われる。年少組の子どもたちであれば，保育者と一緒に簡単なルールのもと遊ぶことができる。

【すすめコブタくん】

DREI MAGIER SPIELE 社 / ドイツ

―遊び方―

① 8枚の道のカードをつなげてコブタの道を作る。

② コブタの色を選び，自分のコブタをサイコロの出た目だけ進めていく。

③ 基本ルールは上記2点だが，ここに特別ルールを加える。たとえば，サイコロ黒
の1を出した時は，もう一回サイコロを振ることができる等。

④ コブタを進めていて，他のコブタがいるところにきたら，飛び越えなくてはならない。しかし飛び越えるためには，そのコブタの背中に乗り，下のコブタと一緒にコマを進めることができる。

⑤ 自分の番がきて，背中にコブタが乗っている場合は，背中のコブタも一緒に連れて行ってあげる。

⑥ 道がなくなったら，自分の順番の時に，スタート地点の道を1回だけ長くすることができる。

　ゲームとしては，単純にすごろくゲームと同様に進めていくが，コマであるコブタが可愛らしく，子どもはコブタを走らせることを喜んでいる。年齢が小さい場合は，コブタだけで遊ぶのも楽しいだろう。（全部のコブタを使って，サーカスのように組み合わせることができる）また，年齢が上がるにつれ，サイコロを進めて，コブタの背中に乗る，または乗せてもらって一緒に進むという楽しさがある。このゲームでは，勝負にこだわるのではなく，進んだり，追い越したりを楽しむゲームである。

こうした数遊びのゲームの体験で何が育つのであろうか？　もちろん楽しい，おもしろい，悔しい，嬉しいなどの感情もたくさん出てくるであろう。また仲間同士で行う際には，同じ条件のもとルールという制約の中で対等な関係ができるというのも，遊びの中での体験として必要なことである。ルールを守るからおもしろい，勝つためには考えなければいけないというような知的な面での自律も養われる。保育者は意図的にゲームの中で，子ども自身が考えられるような環境や，ルール違反や順番などの問題が出てきたときには，子どもたちで解決できるような環境をつくっていくことが大切である。

（3）想像性と創造性

　子どもの遊具において想像性と創造性はとても大切なことである。幼児期に十分な遊び環境のもとで，想像性と創造性を育み，感性が養われていると大人になって電子メディア漬けになったとしても，幼児期に育まれたそれらを生かし，仕事においても遊びにおいても表現し，発揮することができるであろう。子どもの生活の中心は遊びであるからこそ，五感を使った実体験を大切にしたい。またその体験を誰かと共感できるものや想像をふくらませ，一緒に創りあげていく楽しさを味わえることが幼児期において重要なことである。遊具もそのひとつである。遊びの中でさまざまな遊具と出会う。木のおもちゃ，自然物，ゲーム，ままごと，絵本……等。

　『ちょっと変わった幼児学用語集』（2002）"遊具"の箇所には，遊具選択における基本的なポイントとして，次の五つがあげられている。「①適切性（子どもの年齢や発達段階に合致している），②安全性（衛生的で，子どもが扱う上での危険性が少ない），③耐久性（丈夫で，修理や手入れが容易である），④応用性（いろいろな遊びに使用できる），⑤保育のねらいにあっていること（おおぜいで遊べ，さまざまな感覚器官の発達を促す）など」。加えて子どもは遊びの中で学ぶとよく言われるが，これは，遊び（遊具も含む）の中で，自ら考え発見できるものや，その情報から答えを得るのではなく，情報を得るためのプロセスを大事にできるものや，想像性と創造性を育むものでなくてはならない。保育の中の遊具（メディア）を考える際には，上記五つのポイントにも

書かれているように発達や保育のねらいなどに即して準備するため，いつも子どもの遊びと遊具の関係性を考えておかなければいけない。それは，子どもがその遊具でどのような体験をするのかを考えることである。

（猪田裕子）

3　幼児教育・保育に活かすメディアとは

（1）子どもの遊びとメディア

　これまで述べてきたように，子どもを取り巻くメディアとは，常に生活や遊びに密着しているものである。そこでは絵本やゲームといったメディアを通し，身体のふれあいや他者とのかかわりが存在している。つまり，子どもの遊びとは，常に生身の身体を通して行われており，そこでの経験や体験が「生きる力」を培い，さまざまな選択や決断，責任や判断する力までをも豊かに成長させていくのである。

　たとえば，大好きな保育者の膝に座り，直接肌のぬくもりを感じながら絵本の世界を満喫する子どもの心模様，保育室内にある種々のカードゲームに仲間と没頭し，しっかりと状況をみつめつつも，自分の行為が及ぼした他者への影響について，身体を通して痛感する子どもの様子等々，そこには，当事者性があり，自らの行為の及ぼす結果は身体を通して自身に返ってくるということを経験している。このように，保育の場に目を向け子どもの遊びを見ると，生身の身体を通した経験の連続にたびたび出会うであろう。

　これが，機械の操作のみで展開されているメディアであったなら，相手の身体と直接向き合わずとも，実に巧みに映し出された映像を通して，虚構の世界あるいは他人事のような感覚でゲームを楽しんでいくのかもしれない。さらには，視聴するたびに肌のぬくもりや心の動きを伴うことなく，単々とその内容は展開されていくのであろう。このように，さまざまなメディアの浸透により急激に変化した子どもの生活では，多くの場面で身体性が操作され剥奪されているのかもしれない。

　だからこそ，互いに肌のぬくもりや心の動きを伴う身体経験，生身の身体を

通した他者とのかかわり等を子どもに伝えていくことは，現在の保育に課せられた大きな課題であるといえる。そのためには，我々大人が無自覚的にメディアからの情報を捉える事の恐ろしさを認識しておかなければならない。

（2）保育環境としてのメディアの位置づけ

　幼稚園や保育所では，幼稚園教育要領や保育所保育指針において，保育は「子どもの特性を踏まえ環境を通して行うことを基本とする」とされている。それゆえ，現場は子どもの遊びを中心とした生活の中で保育を行うのである。そこでは，保育環境が整えられ，その環境に子どもが自らかかわることで生み出される遊びを中心とした保育が展開される。これが子どもの育ちを保証するのである。しかし，第2節でも述べたが，四字熟語や俳句，国旗や国名等のフラッシュカードを保育の中心的メディアとして活用したり，描く喜びや楽しさではなく，絵画における正しい手順等を重視することで，保護者に支持されるということもある。

　このように，保育環境としてのメディアには明確な基準はなく，どの内容を選択するかは各園に任されている。だからこそ，いかに子ども自らが環境にかかわり，メディアを通してどのような出来事と出会っているのかを丁寧にみつめ読み取ることが，適切な保育環境としてのメディアの取捨選択につながっていくのである。つまり，子どもが自ら環境とかかわることで読み取ることのできるアフォーダンス*から，生成される遊びの環境を見直し，さらに創造的なものへとそれを再構築していくのである。そこには，保育者の専門性により選択される適切な保育環境としてのメディアが存在する。

　　＊アフォーダンス（Affordance）とは，人や動物が環境にかかわり探索することで獲得する情報，つまり，物との間に存在する行為についての関係性そのものであり，そこに在る意味や価値のことである。これは，アメリカの心理学者，ギブソン（J. J. Gibson 1904-1979）とその流れを汲むギブソン派がキーワードとして使用している。

　たとえば，自由遊びの時，折り紙遊びを選択し床の上で遊んでいた子どもが，そこに椅子と机があれば，多くはそこに座り折り紙遊びを展開させていくであ

ろう。しかし，アフォーダンスは決定論的なものではない。椅子を座るものと
位置づける子どももいれば，バスごっこなど多様な動きを導きだすものとして
位置づける子どももいる。つまり，子どもは遊びの中で，周囲の環境（机や椅
子，それを取り巻く物や音，光や影等々）から，個々に多様なアフォーダンス
を生成しながら自身の遊びに没頭していくのである。

　メディア時代といわれる現在，子どもを取り巻く社会は，テレビやビデオ，
映画やゲーム，子ども向け雑誌等々，多様なメディアに囲まれている。子ども
はそれらのメディアから日々情報を捉え，自分の生活に取り込んでいる。それ
ゆえ，遊びを中心とした生活の中で，子どもの探索活動を丁寧に見守り，必要
なメディアの選択による質の高い保育が現代社会では求められるのであろう。

（3）メディア時代における保育者の専門性

　保育環境としてのメディアを保育者自らが選択する時，メディアからの情報
を無自覚に受け止め，その情報に翻弄されるのではなく，一旦冷静にみようと
する意識が必要である。つまり，メディアからの情報を鵜呑みにするのではな
く，分析的にみようとする眼差しが大切になるのである。なぜなら，保育環境
を見直すという意義を実感することにより，子どもの興味や関心に基づく環境
を再構成することができるからである。これが保育者に必要とされるメディア
リテラシー＊である。

> ＊メディアリテラシーとは，メディアを主体的に読み解いて必要な情報を引き出し，
> その真偽を見抜き，活用する能力のことである。つまり，保育の場においては，
> メディア（媒体）を批判的に読み解く力と有効的に活用する力の双方の視点から
> 情報を評価し識別するということに当たる。

　1997（平成9）年の教育職員養成審議会答申では，幼稚園教員に求められる
資質能力の中に「変化の激しい時代の中で子どもたちの生きる力を育むために，
今後特に教員に求められる能力として，コミュニケーション能力，ネットワー
キング能力，メディアリテラシー，基礎的なコンピューター能力」等々が記さ
れている。しかし，これらの能力は保育者の専門性として現職の保育者にも必
要ではないか。特にメディアリテラシーにおいては，多種多様なメディアが大

人や子どもの世界を問わずして氾濫しているゆえ，その情報を的確に整理し，保育の場でメディアを取捨選択していくことは，メディア時代の今だからこそ，欠くことのできない保育者の専門性として位置づけられるであろう。

　同時に，子どもの内面理解と信頼関係の構築，集団生活の中で発達に必要な経験を子ども自らが獲得できるような環境の構成，活動の場面に応じた適切な援助や言葉かけなども保育者の専門性として求められる。さらには，家庭や地域社会との連携を十分に図り，幼児期にふさわしい生活を通して，創造的な思考や生活態度の基礎を培うことにも留意しなければならない。そのためには，保育者自身の豊な人間性を基礎に，使命感や情熱等も求められるのである。つまり，子ども理解はもとより，時代の要請により保護者や地域での子育てを支えると同時に，人を育てる教育者としての人間性や使命感までもがその資質として求められるのである。

　メディアから流れる情報はいとも簡単に我々の生活を便利なものへと誘う。それゆえに，生身の身体を通したかかわりの機会が減少し，希薄化する「生の実感」を否定することはできない。しかし，このような時代だからこそ，生身の身体を通した遊びの経験を尊重し，生を実感することのできる瞬間を保育の中で大切に見守っていかなければならない。そのためには，保育者自身が自分の生といかに向き合い，子どもの生といかに真に向き合うかが大切になってくるのである。

（猪田裕子）

参考文献

厚生労働省編（2008）『保育所保育指針解説書』フレーベル館。

田澤雄作・小林衛己子・渡邊葉子・斉藤惇夫（2007）「特集：保育現場からメディア問題を「誰に」「何を」「どう」伝えるか」『げ・ん・き——園と家庭をむすぶ』No. 104，エイデル研究所。

森楙監修（2002）『ちょっと変わった幼児学用語集』北大路書房。

文部科学省編（2008）『幼稚園教育要領解説』フレーベル館。

三谷榮一・石川忠久・鎌田廣夫編（1985）『要解国語新辞典』清水書院。

柳田邦男（2009）『生きなおす力』新潮社。

柳田邦男著，石井麻木写真（2009）『みんな，絵本から』講談社。

第11章

幼児教育・保育に活かす情報メディア
——記 録 編——

　　　情報メディアという言葉を聞くと，多くの者は多種多様な情報機器類，新
　　聞や雑誌等の媒体を思い浮かべるであろう。まさに，多様な情報機器類は現
　　代社会における産物であり，我々は日々その恩恵を受けていることは確かで
　　ある。しかし，幼児教育・保育に活かす情報メディアとなると，その解釈に
　　よっては，賛否両論に分かれるところである。
　　　そこで，この章では情報メディアを，情報伝達の仲立ちになるものとの視
　　点から捉え，具体的な保育の記録をそれとして考察する。これにより，可視
　　化の難しい保育の質や子どもを捉える視点等にも深い考察が可能となり，幼
　　児教育・保育に活かす情報メディアとして反映させていく手立てとなり得る
　　ことを願っている。

1　保育における記録とメディア

（1）メディアとしての観察記録

　保育における記録というと，まず実習記録が思い出されるのではないか。こ
れは現場の保育者であれば，全ての者が経験してきたところである。そこでは，
一日の流れや具体的な子どもの姿，環境構成や保育者の援助，実習生の気づき
等が記述されている。初めは何時間もかけて書くことのみに追われ，中々見え
てこない子どもの姿であるが，日々筆を進めることにより，保育の見通しも確
かなものとなり，各自の考察も深まってくる。なぜなら，記録を媒体とし，保
育の全体像を捉えることができるようになるからである。このような日々の詳
細な記録は実習生の特権である。

　一方，保育の専門家として現場に立つことになれば，実際に子どもとかかわ
る保育以外にも煩雑な仕事が山積しており，何時間もかけるような記録はけっ
して有効であるとは言い切れない。しかし，子どもの成長や発達，現在の興味
や関心等を記すための記録は，保育の実際には必要不可欠である。なぜなら，

子どもをどのように捉えるかにより，保育実践の内容も変わってくるからである。つまり，子どもの見方が変われば保育実践も変わるということである。また，それは保育の質にも深くかかわってくるゆえ，子どもの姿を記録するということには十分な配慮と考察が求められるのである。

　そこで，子どもを捉えるための観察方法である。ここでは，特に専門的なスキルが求められているのではない。むしろ，子どもに一番近い養育者や保育者が，子どもの遊びを「ありのまま」に観察し記録することが大切なのである。そこでは，何も気負うことなく，ただ単純に気がついた子どもの動きや発言をメモしておく。その記録を媒体とし，複数の大人で共有し合うことで，子どもの日ごろの仲間関係や関心事，発達状況などを複眼的に振り返ることができ，日々の保育やかかわり等に反映させていくことが可能となるのである。このように，「ありのまま」の子どもの姿を観察の中で積み重ねることで，子ども自身の育つ力を尊重し，その力を信じて待つことができるようになり，目の前にいる子どもを見る目が養われていくのであろう。

　ところで，これまで記録といえば紙と鉛筆という媒体が当然の世界であった。しかし，現在では情報機器類の発展も目覚ましく，自らさまざまな加工や生成等を行うことができる時代である。特に，デジタルカメラの存在は観察記録にも有効である。保育中，子どもの姿を書き留めることができなくとも，その瞬間をカメラに収め，後で加工することにより，簡単に振り返りを共有することができるからである。次頁の資料①と②は，デジタルカメラを使用した観察記録の事例である。このように，何気ない子どもの姿をさまざまな方法により留め，それを複数の大人で振り返るという時間が，保育の質を深め，子どもを捉える視点を定めていくのであろう。

資料①

一番高い場所を探すHちゃん

- 年長組の喜びを隠せないHちゃん
- 「私ね，桜が咲くと，いつも嬉しくなるの」と話すHちゃん
- その言葉を聞き，Dくんが「じゃ，桜にお祝いしてもらおう」と，保育園で一番高い場所をさがす
- 30分程，保育園の階段を上ったり，ブランコを大きくゆらしたりする
- 最終的にジャングルジムを選択する
- <u>他にも高い遊具はあったが，Hちゃんは桜の木のそばにある遊具を選ぶ</u>

資料②

やっぱり一緒に遊びたいよ！

- 幼稚園のお散歩で近くの海まで行く
- その日，Mちゃんはお気に入りのワンピースを着ており，中々水のなかに入ろうとしない
- 保育者が何度声をかけても「いや」と言うばかりである
- しばらくすると，お友達が海の中に全身をつけて遊びだした
- それを見ていたMちゃんは，<u>一緒に遊びたいという思いから足を水につける</u>

（2）子どもの学びと記録

　前項では，「ありのまま」の子どもの姿を観察し，その記録を複数の大人で共有することにより，複眼的な振り返りも可能になると述べた。そこで，次に「ありのまま」の子どもの姿の具体的な内容について考察していく。

　観察記録をつける際，子どもの発達と成長，相互の関連性，子どもの遊び，評価と反省，次の実践への応用等，さまざまな考慮点が挙げられる。なぜなら，この記録は，単なる形式的記録とは違い，我々大人の子どもを捉える視点を定め，保育の質を見極めていくための媒体として活用していくものだからである。そのため，観察のポイントは，子どもを「できる，できない」で判断するものではなく，また，局所的に捉えるものでもない。たとえ短い一文の観察記録であっても，それを積み重ねることにより，子どもを一つの物語（エピソード）として捉え，全体的な観点からその成長や発達を捉えていくのである。ここでの発達とは，従来の標準的な発達段階を指しているのではない。一人ひとりの子どもが属する社会，たとえば，それが家庭であったり，保育所や幼稚園であったり，地域であったりと，その子どもが所属するコミュニティの場において，何にどのような形で参加できるようになったのかを発達の目安*とするものである。つまり，子どもの発達を既成の基準に当てはめるのではなく，多様性に富み，無限の可能性を秘めているものとして捉えるのである。

> 　＊すでにニュージーランドの幼児教育カリキュラム「テ・ファリキ」では，子どもの発達を個人的営みではなく文化的営みとして捉え，自らの属するコミュニティの社会文化的活動への参加の変容を発達の目安として捉えている。

　そこで，観察された子どもの具体的な姿である。資料③と④にもみられるように，そこには常に子どもの「学び」があり，それが重視されている。たとえば，興味や関心，好奇心に裏打ちされた活動，他者との関係を深めていく活動，困難なことにも挑戦し熱中している活動，他者とのコミュニケーションに着目している活動，可逆性*をもった視点からの活動等である。この様に，複雑性を兼ね備えた子どもの「学び」の活動を，一つの物語（エピソード）として捉えることで，我々大人がそこにある意味を複眼的に解釈することも可能となるのである。

資料③

縫い取りに集中するAちゃん	・画用紙にパンチで穴をあける遊びをしていたAちゃん
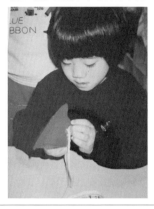	・次第に，穴をあけた紙に色々なものを通すようになる（鉛筆，紙，ひも） ・偶然，手にしたひもを通すことで，紙が立体になることに気づく ・それ以来，紙にパンチで穴をあけては鞄を作ることに熱中した ・その後，破れない鞄を作りたいとの思いから，保育者と一緒に素材を探し，フェルトで作ることをAちゃん自身が選択した

【保育者からのコメント】

　最初は紙に穴をあける遊びを楽しんでいたが，次第に穴そのものに興味をもち，様々なものを通すようになった。その後，穴にひもを通していると偶然に立体が出来上がった。しばらく，立体作りに熱中していたが，紙で作るものはすぐに破れることに気づき，素材の吟味を行うようになった。

　子どもが集中する遊びは偶然の中に多くあり，それは子どもの姿を見守る保育者の姿によって機会が与えられるということを，今回の記録から教えられた。次はもう少し多様な素材から選べるよう配慮しようと思う。

資料④

あともう少しだから！ 	・クラスで昼食のサンドイッチを作る ・一人一枚パンにバターをぬる ・日ごろから几帳面なKちゃんは，丁寧にバターをぬる ・焼いていないパンにバターをぬる時，どうしてもパンの表面がモロモロとなる ・それに納得できないKちゃんは，何度もバターをぬりなおす ・最初は「はやく」と言っていたグループの友達も，Kちゃんの丁寧なぬり方に見入るようになる ・「あともう少しだから！」というKちゃんの言葉に，おもわず「がんばれ！」と他の子ども達は応援をする

【保育者からのコメント】

　クラス全員での昼食つくりということで，時間も気にしながらのクッキングであった。その中で，Kちゃんだけはかなり時間がかかっていた。私は最初，バターをぬることが苦手なのかと思い，Kちゃんに手を添えようとしたところ，「自分でする」と強く言われた。お昼まで時間もない中，私自身の焦りもあったが，同じグループの友達が応援をはじめたので，しばらく様子をみることにした。結局，他のグループより15分程遅くなったが，それでもKちゃんのグループは満足そうにサンドイッチを食べていた。

　この時，私は子どもの活動より時間を優先していたことに気づいた。それでも，子どもに助けられ最後まで様子を見守ることができ，満足そうな子どもの姿に，問題を解決しようとする姿や相手の立場にたって友達を待つという「学び」を感じることができた。次は時間的な環境にも配慮を行おうと思う。

＊他の人々の見地から物事をみるとともに，自分自身の見地を他の人々のそれと協調させることができる。

　また，観察を行うタイミングも大切な記録の要素となる。たとえば，下記の五つの視点がそれに相当するといえる。その際，写真や動画を撮り溜めたり，時には紙と鉛筆でメモをしたりと，さまざまな情報に意味づけを行い記録していくというポートフォリオ＊形式の媒体も，子どもを捉える視点を定めていくためには有効であると考える

　　＊元来，ポートフォリオとは美術等で自分の作品をファイルする「折かばん」や「紙挟み」をいう。ここでは，子どもの活動の過程や成果をファイル化し，それを保育者と保護者と子どもが共同で活用するものである。

① 実際に参加するという活動に至らなくてもよい，何かに関心をもった時
② 何かをやっているというだけではなく，安心して何かに打ち込んでいる時
③ 難しい問題にぶつかっても，自ら課題を設定しさまざまな方法を駆使し問題を解決しようとしている時
④ 自分の気持ちや考えを，いろいろな方法で表現しようとしている時
⑤ 相手の立場になって何かをしようとしている時

（3）記録を媒体として深める保育の質

　これまで，子どもの「学び」の活動に焦点をあてた記録を媒体とし，複数の大人でその情報を共有することにより，そこにある意味を複眼的に解釈することの重要性を述べてきた。しかし，そこに立派な観察記録や正しい解釈があるわけではない。また，誰の解釈が正しいかを決めるために共有するのでもない。重要なことは，観察記録を媒体に，子どもの「学び」の活動における意味を，複数の目で解釈していくということである。つまり，観察記録の情報を皆で共有することにより，一人ひとりが多面的に子どもの学びの意味を捉えることができるようになるのである。子どもとは複雑なものであるゆえ，大人の身勝手な枠に押し込むのではなく，複雑なものを複雑なままに，「ありのまま」に捉えることも大切なのである。

たとえば，子どもが凧を作りたいと考えたが，作ることが難しく作業が止まっている場合，どのような手立てが正解であるのか，明確な答えは存在しない。あるのは，複雑な子どもの思いをどのように解釈するのかという，複眼的な保育者の存在である。この瞬間を，ノートや写真に収めておくと，後で複数の大人での共有が可能となり，思い込みの解釈にとらわれることなく，さまざまな捉え方を検討することが可能となる。

　ここで大切なことは，「できないとあきらめている」と否定的に捉えるのか，「今，まさに自らの力で解決しようとしている」と肯定的に捉えるのかの違いである。前者であると，安易に解決方法を教えてしまう大人の姿が予測される。しかし，その瞬間子どもの「学び」の機会は大人によって奪われることになる。これが後者であると，子どもの姿を観察する大人の姿が予測される。そうなると，結果的に子どもを待つことができ，それが子どもの「学び」を深める機会にもなり得るのである。この両者が全てではないが，「ありのまま」の観察記録を残し，それを複数の大人で複眼的に検討するという経験の積み重ねが，後者のように子どもを肯定的に捉えることにつながり，その結果，子どもの「学び」の経験を助長することにもなるのである。そのため，この「ありのまま」の観察記録が保育の質を深めるための重要な媒体の一つであると言っても過言ではないだろう。

（猪田裕子）

2　保護者と子どもと保育者を結ぶメディアとしての記録

（1）保育者の主体性

　保育は子どもの自発的，相互的な活動を中心に展開される営みであるが，子どもの傍らに保育者が存在することにこそ非常に大きな意味がある。倉橋惣三はフレーベルがキンダーガルテンと命名したことについて「園とは之れ，實に，自ら生育すべき種子が，周到なる園丁に保護せられ，育成せられてその發達を完うするところである。そこには，野生でない自然がある。温室でない培養がある。放任でない自由がある。抑壓でない管理があり，強要ではない期待があ

る。のみか，園の一字に何んといふ心持のあたゝかさと，やはらかさと，うるほひとの感ぜられることであらう」と述べている（倉橋，1984：96-97）。野生ではない自然，温室ではない培養，放任ではない自由，抑圧ではない管理，強要ではない期待。人間は，目に見えないものの中で育つ。目に見えないものに包まれて育つ。この見えないものをいかに整え，準備していくかは，まさに保育者の主体性の領域である。そのためには，まず子どもの傍にある保育者自身に，子どもがもつ力があらわれてくることを願い，待ち構え，それを確かに育んでいこうという気概と心持ちが求められる。しかし，気概と心持ちだけでは不十分であり，そこで，子どもの育ちの芽を見逃さず，確かなものにしていくことが求められるのである。

　子どもの育ち，学びの姿を見逃さず，確かなものにしていくとき，消えゆく今のこの子どもの育ち，学びの姿に輪郭をもたせていく作業が必要となる。それがまさに保育者の手による記録という行為である。記録することで，一人の保育者が見出した子どもの育ち，学びは可視化され，保育者間，また保育者と保護者との間で，そして子どもとも共有できる媒体，情報メディアとなる。複数の眼で一人の子どもの育ちの姿をみていくことができることは，保育を行う際，非常に重要である。

　幼児教育・保育に活かす情報メディアとして，子どもの学びの記録をどのように作成するかを考える際，「学びの物語（ラーニングストーリー）」（ニュージーランドの「テ・ファリキ」という幼児教育統一カリキュラム指針から始まった保育実践の革新の一つ）が，非常に有意義な視点を与えてくれる。保育者が子どもの発達を見出し，個々の学びの姿を捉え，一人ひとりの育ちをみつめていく手法として「学びの物語（ラーニングストーリー）」の方式を作成した研究プロジェクトのリーダーを務めるマーガレット・カー（Margaret Carr）は，子どもの学びを見出す視点として，五つの視点を見出した（Carr, 2001）。

　そして，大宮は子どもを肯定的にみつめ，子どもの行動を何か意味のあることに「参加しようとする行動」として捉えるこの五つの視点を紹介している（大宮，2007：30-32）。

① 何かに興味・関心をもったとき（Taking an interest）
　・生活の中で関心がもてる何かを見つけたとき（やりたそうに見ている，強い関心が言葉からうかがえるなど，実際に参加の行動に至らなくてもよい）
② 参加しているとき，じっくり熱中して取り組んでいるとき（Being involved）
　・一定時間集中を持続し，安心して何かに打ち込んでいるとき
③ 困難に立ち向かっているとき（Persisting with difficulty or uncertainty）
　・わからないことにも，ぐっとこらえて乗り越えようとしているとき
　・難しい課題を自分で設定し選び，行き詰まった際にもいろいろな方法を使って問題を解決しようとしているとき
　・その子自身が難しいと思いながらもチャレンジしているとき
④ 思いついたこと（自分の考え）や気持ちをいろいろな方法で表現するとき（Expressing an idea or a feeling）
　・いろいろな方法で表現しようとしているとき（たとえば言葉，ジェスチャー，音楽，造形，文字，数，図形，物語などを使って）
⑤ さまざまな人がいる所で，責任をもって取り組んでいるとき（Taking responsibility）
　・自分がいる場の公平さを守ろうとしているとき
　・自分をふり返っているとき
　・ほかの人の手助けをしているとき
　・園での生活や保育に役立とうとしているとき

　この五つの視点は，子どもが自分の力を発揮している場面を捉え，記録し，クローズアップすることに有効である。この五つの視点をもち，保育者がその行動場面に意識して目を配ることにより，「子どもの学び」が自ずと見え始める。そして，子どもが自分の力で世界とかかわり，そこから自分で学びを紡ぎ出している姿に注目し，記録することで，記録の作り手，読み手の双方に【子ども＝主体的に世界から学びを紡ぎ出すことができる有能な学び手である】と

いう認識をその都度，新たにする機会が生まれる。認識が変われば，行動もかわるのであり，子どもの学びを見出し，伝える保育者の記録は，子どもの周辺にいる大人の子どもへのかかわりを変える可能性をもったメディアとなる。保育者の作成した子どもの学びの姿を伝える記録が，子どもの主体的な学びを支える行動，行為を行う保育者，保護者，大人の数を増やすことにつながり，このことは，子どもの中にある学びへの「力」と学びを紡ぎだす「構え」を確かなものに形成し，強化していくことにつながる。

　人生のスタートである乳幼児期の子どもたちは，生まれ落ちたこの世界の中で生きていくために，置かれた環境の中から生きていくための何かを摑み取るべく，世界にかかわり，自らの感覚を総動員させ，生きるための学びを得る。その力とその姿勢を，傍にいる大人は敬意をもって見守り，見出し，確かなものへと強めていく役割がある。子どもへの信頼，人間への信頼を土台とした確かなまなざしでもって，子どもの学びの姿の記録を作成することは，保育者の主体性がなせる業である。

　保育者が子どもの学びの姿を支え，子どもの中にしっかりとした学びの構えを育むことを念頭に子どもと向き合うことで，子ども自身が力を発揮する場が生まれる。子どもの学びの姿が見えてくると，自ずと保育も変わる。そして，子どもの学びの姿を伝える保育者の手による記録は，保護者をも変えるメディアとなる。出発は子どもの学びを見出し，記録する保育者の主体性にある。保育者が子どもをどのようにみるか，そこに保育者としての最初の主体性が求められ，ここから子どもの学びの形が形成されるのである。

　一人ひとりの子どもが自らの感覚を土台とし，感じ，考え，学びを紡ぎ出していく経験を重ねる乳幼児期の日々を保障していくことが，保育における保育者の主体性である。そして，保育者の主体性により，子どもの学びの姿を記録，可視化し，メディアとして複眼的に捉えていくことが可能となる環境を整えることは，子ども，保護者，保育者のそれぞれが主体的に保育という営みを支え，かかわることにつながるのである。

（2）保護者の主体性　保育における主体者としての保護者

　子どもの健やかな育ちを実現するには，保護者の存在が非常に重要な鍵を握る。2008（平成20）年の幼稚園教育要領，保育所保育指針の改訂で，保護者支援，子育て支援の重要性が大きく唱えられた。その背景に都市化，核家族化，少子化といった社会状況の変化が全般的な養育力の低下を引き起こしていることは言うまでもない。心身ともに健やかな子どもを育てるためには，子どもを育てる保護者が心身ともに健やかでいることが重要である。保育者は，保護者が子育てを楽しいものとして感じられるように支援していく必要がある。
以下に，A保育所における「しあわせ貯金」の取り組みを紹介する。

　この取り組みは，「『しあわせ貯金』と『しあわせメガネ』の話」という文章に目をとめた保育士が提案し，保育所全体の取り組みとして始まったものである。『しあわせ貯金』は，取り組み自体が保護者の主体性に委ねられている点にその特徴とよさがある。しかし，保育所の保護者は筆者を含め，往々にして，時間的余裕が少なく，それに伴い精神的余裕もけっして十分にあるとは言い難い状況にあることが少なくない。とはいえ，乳幼児期の子どもは「園」の中で育つ存在である。「大人」ではなく「子ども」として，「園」という社会における余裕の中で育つべき存在なのである。

　先にも述べたが「しあわせ貯金」は，貯金（「しあわせ時間」の記入）を保護者の主体性に委ねられているところに，その取り組みのよさがある。いつ書いてもよく，また書かなくてもよい。たくさん書いてもよく，一行でもよい。強制ではない取り組み方に，まずは保護者が主体的になるきっかけがある。そして，記入する内容として子どもと過ごす中で「しあわせ」と感じた出来事やひとときを挙げていることが大きな意味をもつ。保護者は記入するとき，子どもとの楽しいひとときを思い起こし，意識化し，可視化する作業を行う。子どもとのしあわせなひとときが文字として目に見える形となった「しあわせ貯金」の記録は，保護者にとっても子どもにとっても共に過ごしたしあわせなときをいつでも，いつになっても思い起こし，反芻することのできるメディアとなる。また，A保育所の「しあわせ貯金」の取り組みの最初には，子どもの名前に込めた思いを記す欄が設けられている。我が子と初めて対面し，ちいさな

「しあわせ貯金」をしましょう!!

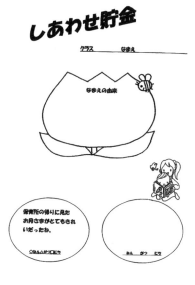

「しあわせ貯金」って？

♡　1日3回「抱っこ」をする。
♡　夜〜寝る前に「絵本」を読む。
♡　手をつないで散歩をする。
♡　歌をうたう。　　など

しあわせ貯金とは、親子でいっしょに過ごす「たのしい時間」や「しあわせの時間」のことです。どれも（お金）や（物）の「しあわせ」のことではありません。

幼い日々にたっぷり蓄えた「しあわせ貯金」は、思春期以降…人間関係でうまくいかない時…疲れた時…逃げ出したくなる時に、その「貯金」がゆっくりと心の中に溶け出します。そして、その子どもが大人になった時　自分がしてもらって嬉しかったことやしあわせだったことをまわりにしてあげたいと思う大人に育つことでしょう。

　毎日の何気ない子どもと過ごす時間の中に、「しあわせ」はたくさんつまっています。

　ほっとした時、このノートに書き留めてみませんか？

　　　　　子どものすばらしい宝物になりますよ♡

図11-1　しあわせ貯金

いのちのかたまりをその腕に抱き，目の前のちいさなひとの幸せを思い，願ったときが蘇る。

　子どもの名前に込めた保護者としての思いから始まり，子育てを通じた「しあわせなひととき」を保護者が主体的に記録することにより，親子が過ごす日常に少し変化があらわれることが予想される。保育者，保育所によって仕掛けられた「しあわせ貯金」という記録用紙の存在は，保護者の意識を変容させ，子どもとのかかわりにおいてよい循環が生まれる可能性を大いにもつメディアである。子育てをする日々，子どもと過ごす毎日の，楽しく幸せな瞬間を書き留め，書き溜めることは，保護者にとって子育てに対して主体的になる何よりの仕掛けであり，保護者支援である。

　このような取り組みがそれぞれの場でなされ，子どもを中心として，その傍らにある保護者，保育者が自分らしく主体的に生きることが，一人ひとりの子どもが輝くときを実現することにつながる。子どもを育てる者としての主体性を保つ際，記録というメディアは非常に有効であり，この有効性を保育者がまず認識しておく必要があるだろう。

（大江まゆ子）

3　保育における受信と発信の取り組み事例

（1）保育現場から発信される子どもの「学び」

　保育現場では，日々，子どもを捉える視点や保育の質の深まりというみえない課題に立ち向かっている。そこで，ここでは保育者による実際の観察記録を事例として取り上げ，保育現場から発信される子どもの「学び」の姿が，どのように意味づけされ解釈されるのかを考察していく。

【事例1：0歳児Kくんの挑戦】
① 0歳児のKくんの目に，1歳児クラスの手拭タオルが目に入る。そこでKくんが思わずタオルに触れると，タオル掛けから落ちてしまう。慌てて掛けようとするKくんだが，なかなか上手く掛けることができない。フックの部分を掛けやすいように動かすも，やはり上手くいかない。5，6回ほど挑戦しても出来ないので，Kく

　んは近くにいる保育者にタオルを差し出し訴える。

② 保育者はそれに気づいて，そばにいた1歳児に手伝ってほしいと伝える。Kくん
　には「お兄ちゃんがしてくれるから大丈夫だよ」と伝える。

③ Kくんは1歳児のお兄ちゃんがタオルを掛ける様子をじっと見つめる。その後，
　1歳児が掛けたタオルを今度は故意に外し，再び真似をして掛けようとする。しか
　し，うまく掛けることはできない。そのため，今度も1歳児のお兄ちゃんにタオル
　を差し出す。

④ 同じように1歳児の掛ける様子を見つめる。そして再び故意にタオルを外すが，
　やはりうまく掛けることはできない。

⑤ この行動を再三行うKくんに対し，とうとう1歳児はKくんからタオルを取り上
　げる。

⑥ タオルを取り上げられたKくんは怒って壁をたたき続ける。

■保育者が解釈する子どもの「学び」の経験

・Kくんは掛かっているタオルに強い関心をもったが，触っているうちにタオ
　ルが外れてしまった。しかし，これが身近なものへ関心をもつきっかけと
　なった。

・外れたタオルは自分の責任でもとに戻そうと必死になっていた（集中してい
　た）。

・外れたタオルをかけようと，何度も挑戦するが，まだ成功したことはない。
　それでもあきらめずに，フックの向きをかえるなど，さまざまな工夫をしな
　がら挑戦を続けていた。

・Kくんは，どうしたらかかるのかを1歳児の観察を行うことで解決しようと
　していた。

・何回も挑戦しようとしたが，うまくいかず，保育者にタオルを差し出す。ど
　うしたらいいのかという思いはもち続けていたようである。

【ふり返り】
　Kくんは，掛かっているタオルに強い関心を示しましたが，触ることによりタオ
ルは落ちてしまいました。そこで何回も掛けようとしましたが上手くいかず，納得
して保育者に助けを求めてきたことが，彼の行動からわかりました。その後，1歳
児のお友達がどのように掛けるのかを何度も見ていたKくんですが，その様子から

も自分で成功させてみたいという気持ちが伝わってきました。

　結局，1歳児の方が怒ってしまい，タオルを取り上げる形で終わってしまいましたが，子どもの「やってみたい」という気持ちを見守ることも大切であるということを実感しました。

　また，乳児が生活の中で物に対して関心を示した時，その様子を見守ることは，やり遂げたという達成感や満足感を感じる「学び」の経験につながることがわかりました。

　この物語から，身近なものへ興味をもった乳児が，偶然の出来事からその活動に熱中し，さまざまな工夫を通して困難に立ち向かい，自ら納得して助けを求めるも最後まであきらめないという，子どもの主体的な「学び」の活動を見ることができた。子どもの捉え方によっては，「何をしているの」とすぐさま大人が割り込んだり，「タオルであそばないの」との言葉を発したりすることもあるだろう。しかし，今回は「何をしているのだろう？」「何がしたいのだろう？」という肯定的な視点から子どもを捉えたため，子どもの「学び」の機会を奪うことなく，さらには，次への課題にもつながった。これも「ありのまま」の観察記録を残すことで，それを媒体に子どもを捉える視点が磨かれ，その行動の意味が解釈されたのである。このように，単なる形式的記録ではなく，「子どもの今」を切り取り，その姿の意味を解釈し考察することで，媒体としての記録に意味が付与され，保育の質にも深まりが見られるようになるのであろう。

　今後，このような子どもの捉え方が各所から頻繁に発信されるようになると，保育者・子ども・保護者・地域等，全てを巻き込む大きなコミュニティの中で，子どもの発達や成長を複眼的に見守ることも可能になるといえる。

（2）家庭から発信される子どもの「学び」

　子どもを保育するということは，幼稚園や保育所のみの業ではない。健やかな子どもの育ちを見守るためには，保育者と保護者，地域等，全てのコミュニティのつながりの中における発達と成長が大切なのである。そこで，家庭における子どもの「学び」がどのように解釈，発信されているのかを考察していく。

【事例２：家庭でのＡ子】

　保育園に入園したばかりの２歳のＡ子，は３人姉妹の３番目である。いつも姉たちの後ろを追いかけていたが，常々自分もお姉ちゃんになりたいと思っていた。ある日の夕方，社宅の庭で小学生のお兄ちゃんが落とし穴を作っているのを見ていた。周りの子どもたちも楽しそうに完成を待っていた。その後，後からやってきた子どもが落とし穴に気づかず，いよいよ穴に足を掛けようとした時，突然Ａ子は「危ないよ」「穴があるよ」と大声で叫んだ。これに怒った小学生はＡ子を突き飛ばしたが，Ａ子は泣きながらも「危ないもん」と連呼し，小学生にむかっていった。

　Ａ子の母親は，この様子を連絡帳に記したところ，次のような内容で担任の保育者から返信があった。

【担任の保育者から】

　保育園でのＡ子ちゃんは，いつも「お姉ちゃんだよ」と言いながら，小さいお友達の面倒を見ています。相手のことを考えることができるＡ子ちゃんは，きっと保育園が安心できる場所になったのですね。社宅の中でも，Ａ子ちゃんは安心して過ごすことができているから，大きなお兄ちゃんに対しても，きちんと自分の考えを言うことができるのでしょう。突き飛ばされた時は怖いと思ったでしょうが，それでも，自分の正しいと思うことを伝えることが出来たＡ子ちゃんは，もう立派なお姉ちゃんですね。

　保育者からの返信で，Ａ子の母親は，これまで喧嘩をしたこと，突き飛ばされたことばかりに注目しており，コミュニティの中でのＡ子の成長には気づかなかったという。母親にとったらいつまでも小さなＡ子だっただけに，社会の中でのＡ子の成長という見方がとても嬉しかったという。

　これに似た物語はどこにでもあるが，家庭から発信された子どもの「ありのまま」の姿を，保育者がしっかりと受信し，さらに，子どもの「学び」における成長と発達を再発信したことが，保護者の子どもを捉える視点に変化をもたらしたのである。家庭と幼稚園，保育園を結ぶ連絡帳はどこにでも存在する。しかし，これを単なる連絡のみの媒体として用いるのではなく，一行程のちょっとした子どもの様子を双方から書きとめ，それを積み重ねていくことで，子どもの成長のポートフォリオとなり，お互いの子どもの見方を深めていくこ

とになる。この複数の目で子どもを育てる，ということが大切なのであろう。

そのためには，自由に記録できる形態，保育者と保護者との関係性，コミュニティ内での雰囲気等も重要な要素となってくる。これに関しては，それぞれの場所での主体的な創意工夫が求められるところである。

（3）保育における受信と発信

幼稚園や保育所における保育実践には，さまざまな情報を共有する大人の協力体制が求められる。それは，保育者間だけにとどまらず，保護者にもおよぶものである。なぜなら，全ての教育は家庭から始まり，保護者は子どもにとって一番の教育者となるからである。このように，誰でも最初は家庭から出発し，成長とともにコミュニティの広がりを見せてくる。その広がりとともに，どのような形でコミュニティに参加できるようになったのかを，子どもの発達と成長として捉えることができる。

そのため，保育の場において，双方からの情報の共有が必要とされるのである。保育現場からの発信のみでは，単なる報告のみに終始してしまう。また，家庭からの発信がなければ，子どもの「学び」の姿のおける意味の解釈にも，限界を感じるであろう。双方が共に育てるという位置について初めて，保育者，保護者，子ども，地域との受信と発信が成立するのである。そのための媒体として，情報メディアを駆使することは，子どもを捉える視点においても，保育の質を深めていくことにおいても，有効な手段となるであろう。

結局，幼児教育・保育に活かす情報メディアとは，さまざまな媒体を通して，発信者と受信者とが共に情報を共有することができるということである。そこには，必ず子どもの善き成長を願う双方からの思いが存在しなければならない。

（猪田裕子）

参考文献

大宮勇雄（2007）「レッジョ・エミリアやニュージーランドの保育には『子ども』がどのように見えているのだろうか」松井玲子編（2007）『現代と保育　69号　レッジョとテ・ファリキ』ひとなる書房。

大宮勇雄（2009）『保育の質を高める』ひとなる書房。

大宮勇雄（2010）『学びの物語の保育実践』ひとなる書房。

大宮勇雄（2011）『子どもの心が見えてきた』ひとなる書房。

倉橋惣三（1984）『フレーベル［復刻版]』岩波書店。

新開英二編（2012）『げ・ん・き』（第131号）エイデル研究所。

高橋のぶゆき（2009）『虫の眼・鳥の眼・子どもの眼──子どものミカタ（味方・見方)』
　　エイデル研究所。

Carr, Margaret（2001）*Assessment in Early Childhood Settings: Learning Stories*, Sage.

第12章

これからの保育に求められるもの

　　　激動の21世紀を迎えた今日にあって，これからの保育に求められるものは
　　　いったい何なのかを問うことは極めて重要な視点である。本章では，社会の
　　　急激な変動の流れを踏まえて，さまざまな問題を抱えた子どもや保護者，そ
　　　して彼らを受け止める保育者という視点に立って，21世紀における保育所と
　　　幼稚園の今後の保育全般の課題について考察する。特に時代の要請として行
　　　政的・制度的に保育に緊急に求められる諸課題について論じていきたい。

1　発達障害の子どもたちについての定義

　現在，日本の多くの幼稚園等では，発達障害の子どもたちが通園している事
例が散見される。特に2006（平成18）年に改正された「学校教育法」において，
障害のあるすべての幼児，児童，生徒の教育のいっそうの充実を図るために，
「特別支援教育」を推進することが定められた。その意味では，「特別支援教
育」はすべての教育者がかかわるべき領域であることを十分に意識して，理解
と学びを深める必要のある分野となる。つまりけっしてその分野の専門家にま
かせておいて済まされない保育に携わる者の喫緊の現代教育の重要課題なので
ある。

　文部科学省の定義にしたがって，私たちがしばしばかかわる発達障害の名称
とその定義をまとめる作業を通して，学習障害全般について学ぶことにしよう。

① 学習障害（LD：Learning Disabilities）の定義
（1999（平成11）年7月「学習障害児に対する指導について（報告）」より抜粋）
　学習障害とは，基本的には全般的な知的発達に遅れはないが，聞く，話す，
読む，書く，計算する又は推論する能力のうち特定のものの習得と使用に著し

い困難を示すさまざまな状態を指すものである。学習障害は，その原因として，中枢神経系に何らかの機能障害があると推定されるが，視覚障害，聴覚障害，知的障害，情緒障害等の障害や，環境的な要因が直接の原因となるものではない。

　さらに青井倫子に従いつつこれを補足すれば，学習障害とは，文化的要因による学業困難とは区別されねばならない。読み書きや会話において言語性機能障害や能力発達遅延を原因として何らかの支障をきたす学習者が言語性 LD 児である。一方，視覚的な空間の認知の学習能力に困難をきたし，社会的な状況の認知が悪く支障をきたすものを非言語性 LD という（青井，2009）。

② **注意欠如・多動性障害**（ADHD：Attention-Deficit/Hyperactivity Disorder）**の定義**
（2003（平成15）年 3 月「今後の特別支援教育の在り方について（最終報告）」参考資料より抜粋）

　ADHD とは，年齢あるいは発達に不釣り合いな注意力，及び／又は衝動性，多動性を特徴とする行動の障害で，社会的な活動や学業の機能に支障をきたすものである。また，7 歳以前に現れ，その状態が継続し，中枢神経系に何らかの要因による機能不全があると推定される。

　さらに青井倫子に従いつつこれを補足すれば，注意欠如・多動性障害とは，いつも体のどこかが動いており，ごそごそと落ち着きがなく，よく動き回る等の「多動性」，気が散りやすく，言われたこともすぐに忘れてしまう等の「不注意」，後先を考えずに行動してしまう，順番を待てない等の「衝動性」の症状がみられる発達障害である。このような多動性，不注意，衝動性は，学校や家庭などでその症状がみられ，いわゆる自閉症や他の精神病にはよらない場合をいう（青井，2009）。

③ **高機能自閉症**（High-Functioning Autism）**の定義**
（平成15年 3 月の「今後の特別支援教育の在り方について（最終報告）」参考資料より抜粋）

　高機能自閉症とは，3 歳位までに現れ，第一に他人との社会的関係の形成の

困難さ，第二に言葉の発達の遅れ，第三に興味や関心が狭く特定のものにこだわることを特徴とする行動の障害である自閉症のうち，知的発達の遅れを伴わないものをいう。一般に IQ が70以上である。また，中枢神経系に何らかの要因による機能不全があると推定される。

2　障害のある幼児の保育と教育

　ここからは主として，『幼稚園教育要領解説』（平成30年3月）で提示されている障害のある幼児の指導の留意点を中心に述べていきたい。

（1）特別支援学校による障害のある幼児の指導助言

　障害のある幼児を指導する場合，特別支援学校等の助言を活用することが望ましい。たとえば，医療，福祉等の業務を行う関係機関と連携した支援のための計画を作成することが大切である。幼稚園は，幼児が教師や他の幼児たちと集団で生活をすることを通じて，生きる力の基礎を培う体験を積み重ねる場所である。

　学校教育法第81条第1項では，幼稚園で障害のある幼児等に対して，障害による学習上あるいは生活上の困難を克服するための教育を行うことになっている。特別支援教育は，障害のある幼児の自立に向けた主体的な取り組みを支援するという視点に立つ。そのうえで，幼児一人ひとりの教育的ニーズを把握し，障害のある幼児の困難を改善するために適切な指導や支援を行う。このことはとりもなおさず，障害のない幼児にとってもすばらしい教育となることは言うまでもない。

　こうした状況を踏まえて障害のある幼児を指導する場合，幼稚園生活の場の特性と人間関係を大切にして，その幼児の発達を促すことが重要な視点となる。そのために幼稚園では障害の種類や程度を的確に把握し，個々の幼児の障害の状態に応じた指導上の工夫が求められる。その場合，教師は幼児が安心して周囲の環境とかかわることができるように配慮しなければならない。たとえば弱視の幼児が塗り絵をするときには輪郭を太くするとか，難聴の幼児に絵本を読

むときには，教師が近くに座ることによって声がよく聞こえるようにするとか，肢体不自由の幼児が進んで体を動かそうとする気持ちがでてくるように個別の工夫をすることが求められる（『幼稚園教育要領解説』平成30年）。

（2）幼児期から学校卒業後までの長期的な視点に立った支援の重要性

　学校教育法の改正により，2007（平成19）年度から従来の「盲・聾・養護学校」は「特別支援学校」に転換された。学校教育法第74条において，幼稚園等の要請に応じて，幼稚園等に在籍する障害のある幼児等に対して，特別支援学校は必要な助言や援助を行うように努めることになった。これを踏まえて，幼稚園は特別支援学校や医療・福祉等の関係機関と連携を図り，障害のある幼児の教育について，適切な指導を計画的，組織的に行うように努めなければならない。

　たとえば，障害のある幼児一人ひとりについて，指導の目標や内容，配慮事項等を示した計画（個別の指導計画）を作成し，教職員の共通理解の下に丁寧な指導を行うことが求められる。また障害のある幼児については，幼稚園生活だけでなく，家庭生活や地域での生活も含めて，幼児期から学校卒業後までの一貫した支援を行うことが重要である。このため，家庭や医療機関，福祉施設等の関係機関と連携しつつ，さまざまな側面からの取り組みを示した計画を作成することが必要になる。これらのことは特別支援学校等ですでに行われており，それらを参考にしつつ幼稚園で実態に応じた指導方法を工夫するべきだろう。

　幼稚園は，障害のある幼児に対して理解を深め，その教育についての知識と経験を豊かにすることが求められる。そのためにたとえば，「園内委員会」を設置して，特別支援教育コーディネーターを指名して，計画的組織的に取り組まなければならない。幼児の安全性を確保する観点から，施設や設備の整備，学級編制や教職員の配置への配慮も必要となる。障害のある幼児の発達状態は，家庭での生活とも深くかかわるため，幼稚園教師は，保護者との連携の下に指導することが重要である。教師は，保護者がわが子の障害を受容できるように，保護者の思いを受け止めて，精神的な援助を適切に行うことが望まれる（『幼

稚園教育要領解説』平成30年）。

3　保育制度の変化から保育に必要な事柄を考える

　保育の質の向上のためには，保育制度がどのように変わってきたのかを理解しておくことが大切である。1997（平成9）年の児童福祉法改正（平成10年4月施行）により，保育所は施設利用を法律に従って決定する「措置制度」から，利用者が保育所を選択できる「契約方式」に変わった。また，保育ニーズの多様化に対応するため，家庭や地域の養育機能の低下が原因で，子どもの保育だけでなく，入所している子どもの保護者への支援及び地域における子育て支援を行うことが，児童福祉法において努力義務とされるようになった。さらに，2003（平成15）年からは保育士が法定資格となり，これに伴って，子どもの保育だけでなく，保護者への保育に関する指導が保育士の業務とされるようになった。

　2018（平成30）年に施行された保育所保育指針の第3章「健康及び安全」の中で，保育所が専門機関・地域との連携を重視する内容が取り上げられた。現代社会の中で求められている保育所のイメージがここでも浮き彫りにされていることが明瞭になる。重要な2点を以下に取り上げてみよう。

①　食育の取り組みにおける連携

　今日ほど食育の重要性が叫ばれている時代はない。幼児はまだそれほど危機的状況ではないが，多くの児童生徒たちは近年，十分な朝食を食べずに学校へ登校するため，体調を崩す事例が少なからず報告されている。そのため，保育所での食育を充実させるためには，地域の保健センター・保健所・医療機関，学校や社会教育機関，地域の商店や食事に関する産業，さらに地域の栄養・食生活に関する人材や職種の連携・協力を得ることが大切になる。栄養士が配置されている場合には，彼らと連絡調整を密に行うことが期待される。食育基本法（平成17年法律第63号）を踏まえて，乳幼児期における望ましい食に関する習慣の定着および食を通じた人間性の形成や家族関係づくりによる心身の健全

育成を図るため，保育所においても，食に関する取り組みを積極的に進めていくことが必要である。

② 災害等の発生時における連携

近年は，災害等，不慮の事件や事故が多発している。そうした状況の中で，保育所内外の事故発生，災害発生やその災害訓練時及び不審者の侵入等の事態に備えて，日頃から保護者，近隣の住民，地域の医療機関・保健センターや保健所・警察・消防等との密接な協力や支援にかかわる連携体制を整備することが必要である。たとえば保育所の避難訓練の実施については，消防法で義務づけられており，「児童福祉施設の設備及び運営に関する基準」第6条第2項において，少なくとも毎月1回は実施しなければならないと規定されている。

4　ライフスタイルの多様性と次世代育成支援対策の推進

（1）多様な保育ニーズへの対応と保育サービスの質の向上

日本での本格的な保育制度改革は，少子高齢化対策と同時並行的に，1989（平成元）年の「1.57ショック」から開始されたと言っても過言ではない。また1997（平成9）年には児童福祉法が改正され，利用者が保育所を自由に選択できるように改善された。それまでの保護者は措置制度によって自由に園を選択することができなかったために，これは大きな前進と言えるだろう。2002年以降は，認可保育所基準の見直しの検討，公立保育所の民間委託活用の推進，株式会社参入促進等が提起された。さらに2005年には「子ども・子育て応援プラン」が開始され，2008年2月には厚生労働省は「新待機児童ゼロ作戦について」を発表し，保育サービスの多様化を打ち出した（河野，2009）。

（2）さまざまな保育形態を構築してゆく必要性

近年における経済状況の悪化が，保育の世界にも押し寄せて，多様な保育ニーズが生まれることとなった。人々のライフスタイル一つをとってみてもその多様性がみてとれるだろう。結婚の有無，正規採用就労の有無，子ども出産

の有無，職場復帰の有無等，人々のライフスタイルの多様性が私たちの生活の周辺で拡大している。こうした中で生活する人々の保育ニーズを満たすためにも，さまざまな保育形態を構築する積極的な姿勢が求められている。また女性の職場進出の流れもあって，延長保育を実施する保育園が増加しているのも事実である。看護師等の専門職やサービス業従事者からは，夜間保育や24時間保育のニーズも出始めているし，さらにはボランティア活動等のいわゆる一時保育のニーズも急速に高まってきている。

とはいうものの現実はなかなか厳しく，これらの保育ニーズは十分に満たされているわけでない。保育所入所を待ついわゆる「待機児童」は2009年10月1日現在，4万6,058人で，前年と比較して5,874人も増加しており，しかもそのうちの半数以上が0〜2歳の低年齢児に集中しているとみられる（塩野谷，2005）。なお，2021年4月1日現在の待機児童は，前年より6,805人少ない5,634人にまで減少している（新型コロナウイルス感染症の影響も考えられる）。

（3）次世代育成支援対策の推進

今後，少子化の傾向はさらに高まってくるだろう。そのためにも子どもが健全に育つ社会，あるいは子どもを産み育てることに喜びを感じ取れる社会を構築することが必要になる。次世代育成支援対策推進法や，改正児童福祉法，少子化社会対策基本法といった，次世代育成支援に関する法制度の整備がますます充実し，保育サービスを含む次世代育成支援対策のいっそうの推進が図られることが課題となっている（泉，2007）。

5　今後の保育・教育に求められるもの

（1）カリキュラム上の「幼保小接続」の重要性

幼保小接続・連携の必要性が謳われるきっかけが「小1プロブレム」である。これは元・神戸親和女子大学教授の新保真紀子が1998年頃から提唱していた概念である。社会問題として認知され始めたのは2007年頃からである。教師の話を聞かない，教室内で勝手に歩く，騒ぐなどの児童の行動面の「問題」であ

り，その結果として教師による一斉授業が成立しないということが問題視された。家庭における「しつけ」の不充分さ，自己統御の弱さが主因として挙げられていた。幼・小の相違点に目を向けるのではなく共通点を見出すことに注目が集まり始めたのが2000年代中盤の「小1プロブレム」のインパクトである。幼保と小学校は，相互の独自性を主張して不干渉を貫くことは不適切であり，不可能である。それゆえ両者を意図的・計画的に「接続」することがカリキュラム上の課題として意識されるようになった（吉田，2021）。

（2）家庭との連携強化の要請

　2006年に教育基本法が改正された。そこで，幼児教育や家庭教育が重視されるようになった。この法改正は2000年代に入って「親準備性」「子育て準備性」を支援するという観点から結実したものといえるだろう。だれもがすぐさま，親らしくなれるわけではない。専門職による支援や，あるいは子育ての経験を通して，親としての意識が芽生えるようになる。

　保育所だけでなく幼稚園においても，保護者の子育て支援センターとして位置づけられるべきだろう。そこでは，幼児期の教育に関する情報提供，相談窓口の開設等が実施されている。こうした取り組みにおいて，育児ストレスを増大させる密室化された子育てにならないように親を支援していく試みとなる（吉田，2021）。

（3）幼児教育振興のための法整備

　幼児教育の充実や無償化を目指すために，幼児教育振興法案が検討されている。この法案は幼児教育の無償化，都道府県幼児教育センターの設置，市町村幼児教育アドバイザーの確保等，幼児教育の振興に関する施策の根拠となる法案である。基本的施策として7点あるが，以下の2点を紹介してみよう。

　第一に，保育士等の不足の状況を踏まえて，「人材の確保」が法案に盛り込まれる見込みである。私立施設を中心に，配置，研修の充実，等の実施が求められている。第二に，幼児教育の無償化については，子ども・子育て支援法の一部改正によって，2019（令和元）年10月から実施されている。幼児教育の無

償化に伴って，新たな保育需要が増えるのか否か，今後の幼児教育のあり方を注視する必要があるだろう（佐藤，2020）。

（4）幼児教育において育みたい資質・能力

　幼児教育において「育みたい資質・能力」を明確にするために，まず子どもはどのように世界を捉えるかという「見方・考え方」を整えなければならない。「見方・考え方」とは，幼児が環境とのかかわり方や意味に気づき，これらを取り込もうとして，試行錯誤したり，思いをめぐらせたりすることである。そして幼児教育における「見方・考え方」は，小学校以降において，各教科等の「見方・考え方」の基礎となるとともに，これらを統合化する基礎となるものである（佐藤，2020）。

　この「見方・考え方」を踏まえつつ，幼児教育において「育みたい資質・能力」として整理されたものが以下の3点である。

　　①　知識及び技能の基礎

　　②　思考力，判断力，表現力等の基礎

　　③　学びに向かう力，人間性等

　この3点を実施することで，幼児教育においても，小学校以降の資質・能力の基礎的な内容が養成されることになる。遊びを通して，「知識及び技能」の基礎，「思考力，判断力，表現力等」の基礎，「学びに向かう力，人間性等」を総合的に育成することが重要な視点となる。

　そして5領域の内容を踏まえつつ，具体的に提示されたのが，「幼児期の終わりまでに育ってほしい姿」である。これは，保育者が指導し，子どもが身につけていくことが望まれるものを抽出して，具体的な姿として整理されたものである。あくまでも「環境」を通して，すなわち幼児の主体的な活動としての「遊び」を通してこの「10の姿」が育成されることに配慮しながら，教育を行うことが求められる（佐藤，2020）。

幼児期の終わりまでに育ってほしい姿
①健康な心と体　②自立心　③協同性　④道徳性・規範意識の芽生え
⑤社会生活との関わり　⑥思考力の芽生え　⑦自然との関わり・生命尊重

---

⑧数量や図形，標識や文字などへの関心・感覚　⑨言葉による伝え合い
⑩豊かな感性と表現

　この「幼児期の終わりまでに育ってほしい姿」は，3・4歳児からの保育の積み重ねで，5歳児で身につけてほしい姿なのである。さらに「幼児期の終わりまでに育ってほしい姿」は，5歳児後半の評価の基準ともなる。幼稚園等と小学校の教師の間で，5歳児終了時の姿が共有化されることになる。そこで初めて本当の意味での幼児教育と小学校教育との接続の強化が期待できると言えるだろう。小学校の各教科等では，この幼児期の終わりまでに育った姿が発揮できるようにするためにどのような方策が考えられるだろうか。たとえば小学校1学年を担当する教員は「短時間学習」等も含めた工夫を導入しつつ，幼児期に育まれた「見方・考え方」や資質・能力を，じょじょに各教科等の特質に応じた小学校での「学び」につなげていく努力が求められるのである（佐藤，2020）。

（5）非認知能力を育む

　IQなどテストで測定したり，数値化したりすることのできる力を認知的能力という。それと反対に，テストで測定できない意欲や好奇心，粘り強さ，意志力のことを「非認知能力」という。協調性，思いやり，自制心等，社会情動的な能力も非認知能力である。子どもの意欲や好奇心の育ちが，ものや人への関心を高め，結果的には多様な知識や技術の習得につながる（北野，2019）。

　日本の乳幼児教育では，「保育所保育指針」「幼稚園教育要領」等において，心情・意欲・態度を育むことが重視されてきた。この領域はまさに「非認知能力」に相当するものである。しかしこうした能力は保護者等にはわかりやすく伝えられていないのが実状である。多くの保護者の我が子についての記憶に残るのは，小学校以降の教育におけるテストの点数等の数値化され見えやすい認知能力が主たるものである。それゆえ保育者は園での子どもたちが，実体験から学ぶ姿を，保護者に向けて可視化し，発信することが強く求められる。没頭して遊ぶ姿や，試行錯誤したり，友達とけんかしたり，葛藤したり，話し合いをしたりする経験を園で大切にし，保護者にもしっかりと伝達したいものであ

る（北野，2019）。

参考文献

青井倫子（2009）「園生活に困難を抱える子どもを支援する」青井倫子・小田豊編著『幼児教育の方法』北大路書房。

石井光恵（2005）「自己変革ができる保育者・園の課題」小田豊ほか編著『保育者論』北大路書房。

泉千勢（2007）「保育サービスの今後の課題」栃尾勲・泉千勢執筆者代表『保育原理改訂3版』（保育士養成講座　第7巻）社会福祉法人全国社会福祉協議会。

北野幸子（2019）「保育の現状と課題」渡邉英則ほか編著『保育原理』（新しい保育講座1）ミネルヴァ書房。

小泉裕子（2009）「保育者の資格・免許制度の変遷と保育者への期待」榎田二三子・大沼良子・増田時江編著『保育者論』建帛社。

厚生労働省（2018）『保育所保育指針解説　平成30年版』フレーベル館。

河野利津子（2009）「現代の保育の課題」民秋言・河野利津子編著『保育原理』北大路書房。

佐藤和順（2020）「生涯学習における教育の現状と課題」名須川知子監修，三宅茂夫編著『教育原理』（MINERVA はじめて学ぶ保育2）ミネルヴァ書房。

塩野谷斉（2005）「保育という仕事」小田豊他編著『保育者論』北大路書房。

文部科学省（2018）『幼稚園教育要領解説　平成30年版』フレーベル館。

吉田直哉（2021）『保育カリキュラム論講義——児童中心主義的視座からの試論』ふくろう出版。

（広岡義之）

シュタイナー幼児教育方法の理論

　　　文部科学省告示「幼稚園指導要領」では，幼児期における教育は，環境を
　　通して行うものであるとし，遊びを通しての指導を掲げている。周囲の環境
　　とのつながりに配慮しつつ，子ども一人ひとりの発達段階に合わせた教育方
　　法として，近年注目されているものにシュタイナーの幼児教育がある。シュ
　　タイナー幼児教育では，子どもにとって生活の中心である遊びと学びを結び
　　つけるものが芸術であり，芸術的に教育することがのちの子どもの知性の育
　　成に結びつく，という認識のもとに教育を行っている。この章では幼児を取
　　り巻く環境を大切にして，遊びと学びを芸術的に結びつけて考えるシュタイ
　　ナー幼児教育方法について，その理論的背景を考察していく。

1　〈かかわり〉を大切にした幼児教育

（1）幼稚園教育要領で大切にされていること

　幼稚園教育要領第 1 章総則の第 1「幼稚園教育の基本」には次のように明記
されている。「幼児期の教育は，生涯にわたる人格形成の基礎を培う重要なも
のであり，幼稚園教育は，学校教育法に規定する目的及び目標を達成するため，
幼児期の特性を踏まえ，環境を通して行うものであることを基本とする」（文
部科学省，2017：7）。続いて教師の役割を以下に示している。「このため教師は，
幼児との信頼関係を十分に築き，幼児が身近な環境に主体的に関わり，環境と
の関わり方や意味に気付き，これらを取り込もうとして，試行錯誤したり，考
えたりするようになる幼児期の教育における見方・考え方を生かし，幼児と共
によりよい教育環境を創造するように努めるものとする」（同上）。

　そしてこれらを踏まえ，幼児の生活や遊び，発達に関して三つの事項を重視
し教育を行わなければならないとし，その際，教師は，「幼児の主体的な活動
が確保されるよう幼児一人一人の行動の理解と予想に基づき，計画的に環境を

構成しなければならない。この場合において，教師は，幼児と人やものとの関わりが重要であることを踏まえ，教材を工夫し，物的・空間的環境を構成しなければならない。また，幼児一人一人の活動の場面に応じて，様々な役割を果たし，その活動を豊かにしなければならない」（同上）と明記されている。

（2）幼児教育を支える根幹（基盤）となるケアリングの考え方

　この「総則」には，教師は幼児の人格形成の基礎を培うための重要な役割を担う存在であり，幼児と人やものとのかかわりが重要であると記されている。また幼児との信頼関係を十分に築き，幼児が身近な環境に主体的にかかわることができるように，幼児と共によりよい教育環境を創造するよう努めるよう示されている。

　これは教師が幼児の自己実現に向けて，環境面はもちろんのこと，発達に応じて全面的に支援していくことを意味している。このように幼児教育の目指す方向は「ケアリング」の考え方と大きく類似する点が指摘できる。

　「ケアリング」とは，ミルトン・メイヤノフの『ケアの本質』によると「最も深い意味で，その人が成長すること，自己実現することをたすけること」（広岡，2020：34）と定義されている。

　このケアリングの定義に則って改めて「総則」について考えてみると，最も深いところで，教師が，幼児自身が成長すること，自己実現することを助けるという意味において，このケアリングの考え方は幼児教育を支える根幹（基盤）となる。

　このケアリングは，簡潔に言うと「相手が成長するのを援助すること」であり，幼児教育においては教師が子どもをどこまでも信頼する態度と，子どもに限りなく寄り添う姿勢につながるものである。こうした幼児教育におけるケアリングのあり方は，近年トロント大学のミラー教授が提唱するホリスティック教育のあり方ときわめて類似性の深いものであることが明瞭になってくる。

（3）ホリスティックな考え方に基づいた教育方法

　ホリスティック教育についてミラー教授は次のように述べている。要約して

みよう。ホリスティック教育とは〈かかわり〉に焦点を当てた教育である，としている。論理的思考と直観の〈かかわり〉，心と身体との〈かかわり〉，知とさまざまな分野の〈かかわり〉，個人とコミュニティとの〈かかわり〉，そして自我と〈自己〉との〈かかわり〉がある。ホリスティック教育においては，学習者はさまざまな〈かかわり〉を深く追求し，この〈かかわり〉に目覚めるとともに，その〈かかわり〉をより適切なものに変容していくために必要な力を得る，としている（広岡，2020：44）。

　このことは幼稚園教育要領の総則に示された内容と多くの共通項を有しており，幼児教育における目標達成に向けて，まさにケアリングに基づいたホリスティックな考え方が非常に重要になってくることがこの関連からもわかってくるのである。

（4）子ども一人ひとりの個性を見つめながらその成長を見守る
###　　　シュタイナー教育

　幼稚園教育要領に則った幼児の成長を考えた場合，ケアリングの視点からその目標達成を具体化する一つの方策として，子ども一人ひとりの個性をみつめながらその成長をみていく「シュタイナー教育」がある。先述のミラー教授もホリスティック教育の代表的な教育方法としてこのシュタイナー教育を第一に挙げている（同上：43）。

　シュタイナー教育はヴァルドルフ教育とも呼ばれ，その創始者であるルドルフ・シュタイナー（Rudolf Steiner：1861-1925）の名前が由来となっている。シュタイナーは現在のクロアチアに生まれ，哲学者，人智学者，教育者，ゲーテ研究家，著作家，講演家として活躍した。若い頃ウィーン工科大学で自然科学，数学，哲学を学び，ゲーテの研究に取り組むようになり，20世紀に入るとこれまでの成果を踏まえて人智学（アントロポゾフィー）という人間観，世界観を確立した。この思想は教育以外にも医療，薬学，農業，経済システム，社会学，建築，芸術，自然科学などさまざまな分野において，社会的実践の広がりを世界的にみせている。

　1919年に最初のシュタイナー学校がドイツのシュトゥットガルトに設立され，

以後このシュタイナー学校は2021年現在，世界67か国で1,251校の学校が運営されている。多くの学校で幼稚園とも連携しており，すぐれた人間教育として世界中に広まり注目を集めている。幼稚園の数も世界で1,915園あり，日本にも日本シュタイナー幼児教育協会加盟の幼稚園が71園ある。特にここ10年の動きとして，アジアでの広がりが大きく，特に中国では毎年たくさんの学校や幼稚園が設立されている（広岡，2020：317-318および日本シュタイナー学校協会ウェブサイト）。

（5）畏敬の念をもって子どもを受け止めるということ

　シュタイナーが語った幼児教育の目指す方向性を示す端的な言葉がある。それは「畏敬の念をもって子どもを受け止め，愛情をもって教育し，自由の中へ解き放つこと」というものである（髙橋，1995：156）。

　子どもに畏敬の念をもつという考え方は，ヨーロッパでは18世紀頃から世界的な教育家であるペスタロッチやフレーベルなどによって主張されてきた。この考え方は今日でも教育や子育ての根底を貫くものであり，シュタイナー教育にかかわる保護者や教師たちの間では最も重要な教育観となっている。「畏敬の念をもつということ」は，相手を全面的に信頼することであり，その信頼感を受け，幼児が自分を取り囲む環境全体を共感的に受け止め，安心して日々を過ごしていいのだという幼児自身の成長への心の栄養につながるのである。この考え方は前述の相手が成長し，自己実現をすることを助けるというケアリングの考え方にも共通するものであり，幼児教育にとって最重要な要素であると考えられる（広瀬，2009：26）。

（6）「自由の中へ解き放つこと」の重要性

　またシュタイナーの言葉の中にある「自由の中へ解き放つこと」について，シュタイナー教育は「自由への教育」とも言われている。その自由とは自分本位で勝手に振る舞うことを目指す「自由」ではなく，自分で考え，行動できるという意味での「自由」である。それは大人になったときにしっかりとした自分をもち，社会や他の人々とよい関係をもち，その中でなにをすべきか自分で

決めて，責任を引き受けて実行できるひとを育てることをいうのである。そしてそうすることができるように，どの子どももっている「自ら生きる力」を人間の内側から発達段階に応じて育てていくような教育を目指しているのが，シュタイナー教育である。

2　子どもの発達周期（発達段階）

（1）シュタイナー教育における発達の捉え方

　シュタイナー教育では人は七年ごとに成長し，それぞれの期間特有の発達課題が明確にあるとしている。そしてその人間観に基づいて，各々の年齢にふさわしい環境や学びの課題を通して，自分で考え，判断し，行動できる人間を育てる教育である。それは子どもたちが「生きる力」を身につけ，自分や他者の夢の実現を，自らの力と他者の協力のもと叶える喜びのある人生を歩むことにもつながるといえる。

　ここで七年ごとの発達段階における子どもの特徴を大まかに概観してみる。

（2）七年ごとに成長する子どもの「真・善・美」

　第一・七年期では，日々の生活や自由な空間で存分に遊ぶことを通じて自分自身の「からだ」を作り，それとともに子どもの「感覚器官」を育てることがこの時期には重要である。この「からだ」の育成が，その子自身の行為を通して，生きていく力である「意志」を育成することにつながる。この時期の教師と子どもとの関係の中で重要となるテーマは「模倣と手本」である。この時期の子どもは周囲を「世界は道徳的である（善）」ととらえて生きている。

　第二・七年期では学びを通して，外なる世界の美しさや不思議さと出会い，驚いたり感動したりすることを通じて「こころ」が育まれることとなる。この「こころ」の育成が，友達との出会いや集団生活を通じて，共感や反感，喜怒哀楽などの心の動きを体験し，情緒豊かな「感情」を育成することにつながるのである。この時期の教師と子どもとの関係の中での主要なテーマは「自明の権威」である。この時期の子どもは周囲の世界を「世界は美しい（美）」とと

らえている。

　第三・七年期では世界とのかかわりの中で，自分がその一員であることを理解し，この世界とどのようにかかわるのかを見出そうとすることを通じて「あたま」を形づくることとなる。この「あたま」の育成が，より理論的な考えや判断が備わり，外の世界と意識的にかかわることによって，主に知識を認識する「思考」を育成することとなるのである。この時期の教師と子どもとの関係の中で主要となるテーマは自己を探求し，真理を求める「理想」である。そしてこの時期の子どもは周囲の世界を「世界は真実である（真）」ととらえている。

　ここまで述べた子どもの発達をまとめると以下のようになる。

　　　第一・七年期：「からだ」─「意志」─「模倣と手本」─「全世界は道徳的である・善」
　　　第二・七年期：「こころ」─「感情」─「自明の権威」─「世界は美しい・美」
　　　第三・七年期：「あたま」─「思考」─「真理を求める理想」─「世界は真実である・真」

　この第三・七年期までの期間を通過しながら子どもは真・善・美の思いと共に成長していき，それ以降初めて自らの足で世界に立ち判断しながら生きていく「自立」の状態が達成されるとしている（日本シュタイナー幼児教育協会ウェブサイトおよび広瀬，1994：56）。

（3）シュタイナー幼児教育で大切にしていること

　先述したとおり，シュタイナーによると第一・七年期の子どもは主に「からだ」とそれに付随する「感覚器官」を発達の中心にそえている。とくに神経組織や目・耳・鼻などの感覚器官が集中する頭部が発達する。

　日本にある南沢シュタイナーこども園の教師である吉良創氏によると，「誕生から七歳までの子どものこの時期にしかできない課題は，自分の体をつくることである。生まれたときにすべての器官は萌芽の状態で存在しているが，それぞれの機能は未分化である。脳，内蔵，手足などすべての体の器官がそれぞれの機能を持つまでに発達するのがこの時期である。その後の子どもの体は大

きく成長するし，能力も高まっていくが，そのプロセスは，七歳までに育まれた体を元にして行われていく。体が育っていく七歳までの時期は，体と深く結びついた意志が育っていく時でもある」（吉良，2001：33）として，この時期の子どもたちの発達の中心が「からだ」と「意志」であることを指摘している。

（4）「からだ」とともに発達する幼児の「感覚器官」

　シュタイナーも次のように述べている。「子どもは乳歯が永久歯に生えかわるまで，まったくの感覚器官であるということを考えてみてください。子どもはまず全身で，周囲に作用するものすべてを感じ取ります。そして，子どもは周囲に作用するものを，模写しようとします。ひとつの感覚器官を取り上げていえば，子どもはまったく一個の目なのです。目は外界の印象を受け取り，みずからの機構をとおして，周囲に現れるものを模倣します。幼児期の子どもは全身で，周囲で生起することを内的に模写するのです」（シュタイナー，1994：64）。

　さらにシュタイナーは「最初の七年間に，どのように子どもに働きかけるのが，もっともよいのだろうか。感覚器官を形成するのである。外から感覚器官に働きかけるものには，すべて意味がある。最初の七年間に子どもが見聞きすることはすべて，感覚器官をとおして子どもに働きかける」（シュタイナー，1993：25）として，教師はこの時期の子どもの主に感覚器官に働きかけることの重要性について言及している。

　ここまでみてきたように，この時期の子どもの発達の中心が「からだ」であり，シュタイナーによると，幼児期の子どもはいわば「全身が感覚器官」の存在である。それゆえに幼児期の子どもは自分を取り囲む周囲の環境の影響を一身に受け取るのである。

（5）感覚器官として受け入れたものを基盤に「からだ」を構築していく

　シュタイナーは次のように述べている。「外界の刺激を受けて，正しい肉体形態は構築される。七歳までは，子どもは感覚器官としての存在である。子どもは感覚によって受け取るものすべてを消化し，なによりも，周囲で見たもの，

聞いたものを消化する。それゆえ，子どもは永久歯が生えるまでは，真似する存在である。模倣は，肉体組織のなかまで入っていく。それは，まったく自然なことである。子どもは感覚器官をとおして，周囲を自分のなかに受け入れる。子どもは両親がおこなうことを見て，ただちに真似をする。手の動き，脚の動きも真似する。母親か父親が落ち着きがないと，子どもも落ち着きがなくなる。母親が落ち着いていると，子どもも落ち着く」（シュタイナー，1993：35）。

　このように子どもは周囲で生起するものすべてを模倣するとシュタイナーは指摘している。ここから，この時期の子どもの顕著な特徴に「模倣」という言葉がキーワードとなる。

3　「模倣存在」としての子どもの幼児教育方法論

（1）お手本を示そう──「模倣存在」としての幼児教育方法論

　広島大学名誉教授の広瀬俊雄は，「世界の幼児教育の中で，子どもの模倣を子育てや教育の基本原則として，この上なく重視しているのは，シュタイナーの幼児教育である」（広瀬，2009：96-97）と述べ，シュタイナー幼児教育の大きな特徴に「子どもの模倣」を挙げている。広瀬教授がオーストリアのウィーンに留学していた際，シュタイナー幼稚園でそのことを基本原則にしている場面に遭遇したことを次のように記している。

　「この教育の特筆すべき点の一つは，ここの幼稚園の教師たちが，朝，子どもたちを作業や仕事をしつつ迎えるということだ。私が研修生として入ったクラスには，担任の先生と補助の先生の二人がいたが，担任は麻布を材料にして針仕事をし，補助の先生は，乾燥した麦わらを切って，小さな馬小屋の屋根に貼り付ける作業をしていた。二人の仕事・作業はクリスマスが近づいた十二月に行われていたものだが，園児たちが登園すると，その教師たちの仕事・作業を見て，それが行われているテーブルのところへ行って，教師たちをまねして同じ仕事・作業をするのである。担任の教師の言葉を書いてみよう。『私たちがこうして朝早くから作業をしている主要な目的は，園児に模倣させるためです。しかし，模倣させるとはいえ，強制的に模倣させたりは決してしません。

幼児がごく自然に私たちの作業や仕事を模倣し，まねできるように配慮しているのです。どのような幼児もみな自らの力で模倣してすべてを学ぼうとする本性を持っています。私たちがこうして作業に従事するのは，言ってみれば，刺激するためです。自然の模倣によって学ぶことが，幼児の成長には最もよいことなのです』」（広瀬，2009：97-98）。

　教師が幼児の模倣衝動の原則に従って，日常の園での基本的な生活を形づくっていることがこの発言からも見えてくるのである。ここにシュタイナー幼稚園の幼児教育方法論の一端をみることができる。

（2）「幼児の模倣」に関するシュタイナーの言葉

　ここで幼児の模倣についてのシュタイナーの言葉をいくつか紹介しようと思う。

　「この年齢において魂の働きが育まれるのは，精神活動が身体を通して表現されたときである。得た刺激を自らの身体で再現したいという動機によって，子どもは外の世界との関係を結ぶ。それは，子どもが模倣をする場合にのみ成立する。乳歯が生え替わる前の子どもは完全なる模倣者と言ってよい。この時期の教育は，周囲の人々が模倣すべき見本を示すということだけで成り立っている」（ローセングレン，2020：37）。

　「子どもにとってその場所にいること，存在することの喜びは，その身体器官を形づくる不可欠な要素として数えられねばならない。子どもには，明るく，なによりも偏りのない誠実な愛で物事を判断し行動する教師が必要である。その愛とあたたかさに包まれ，模倣すべきよい模倣の中にいるとき，子どもは正しい環境で生きているといえる」（同上：125）。

　「子どもたちと周りの世界との関係を示す二つのキーワード，それは『模倣』と『模範』である。子どもは自分の身体がおかれた環境で起こっていることを模倣し，その過程を通して，自らの身体と器官を永続的な形態へと形づくっていく。ここでいう環境とは，単に物質的な意味ではない。そこで起こるすべてのこと，子どもの魂へと影響する。感覚によって知覚できるあらゆるものをいう。道徳的，あるいは不道徳な，賢明な，愚かな行為すべてが含まれ

る」（同上）。

（3）周囲にあるものすべてを模倣する幼児

　幼児期の子どもはシュタイナーの言葉にあるように，周囲の環境を完全に模倣するという。それが目に見えるものばかりではなく，心で感じ取れるものすべてをその良し悪しに関係なく完全に模倣して，自分の中に取り入れてしまう。それはこの時期の子どもは「世界は道徳的である」という気持ちで周囲の世界をとらえており，すべてを共感的に受け止めていることと非常に密接に関係している。幼児はこのような特徴を備えているので，周囲の大人たちは，子どもが真似をしてもよいことのみを行い，考え，感じるべきであるとシュタイナーはいう。

（4）模倣する子どもの前で大人が気をつけること

　逆に気をつけなければならないことにもシュタイナーは言及している。子どもが全身が感覚器官であり，周囲の環境を完全に模倣するので，例えば誰かがその子どもの近くで，怒りの感情を爆発させたとすると，子どもはその怒りの爆発から受ける印象，像を善悪の判断抜きにそのまま模倣する。その影響は肉体器官にまで及ぶ。具体的にはその像から血液循環全体，血管新陳代謝全体の中にその怒りの爆発に類したものが移行するという。子どもが怒りっぽい父親や教師のそばで育ったら，血管組織が怒りに合わせられたものになる。そしてその性向が植えつけられ，一生の間その子どもの中にとどまるという。周囲の大人が行うことすべてが子どもの内面で継続されるのである（シュタイナー，1996：41）。

　こう考えてみると，子どもにかかわる周囲の大人の責任は非常に大きい。不道徳で，例えば癇癪持ちの性格を子どもの前で表すと，子どもはその性格をそのまま受け取って自分の性格としてしまうのである。子どもの人格形成を考えた場合，周囲の大人がこの模倣の原則をよく理解し，注意深く子どもに接することが大切なのである。ここにシュタイナーの幼児教育方法論の秘訣も包含されている。

（5）「模倣存在」から「自由な存在」へという幼児教育方法論

　上述のことから，シュタイナーの幼児教育における「模倣」という概念がいかに重要かがわかる。では幼児はこの模倣によってどのように成長していくのだろうか。シュタイナーによると，それは将来自立した際の，社会性の萌芽になるという。模倣によって，周囲の大人の言動や内面の性格まで模倣することで，人間の社会性に精通し，人間と人間の結びつきをとおした共同生活が用意されるという。幼児は正しい教育方法で，自然な模倣によって教育されたなら，将来他の人を正しく評価し，尊重できるようになるとしている（シュタイナー，1993：47）。また個人の人格に注目すると，「人間は，子どものとき可能なかぎり模倣をすることによって，自由な存在になる」（同上：51）としている。この模倣という概念の中に，大人になったときにしっかりとした自分をもち，社会や他の人々とよい関係をもち，その中でなにをすべきか自分で決めて，責任を引き受けて実行できるひとになるという，シュタイナー幼児教育が目指している「自由」へ向けての萌芽が存在しているのである。

4　想像力を活かした幼児教育方法論

（1）ファンタジーの重要性

　前節までに述べた「模倣」と同じように幼児教育方法論にとって重要なものとして「ファンタジーの育成」がある。この時期の子どもの発達の中心は「からだ」であるが，このファンタジーの育成と，特に「子どもの脳」の発育には大きな関連があるとシュタイナーは指摘している。「脳に関しても，七歳までに形成されなかったものは一生のあいだ失われたままである。物質的な脳は精神が表明される器官であり，この器官が可能なかぎり繊細に仕上げられ，七歳までに確定されることは非常に重要である。大ピアニストも調子の狂ったピアノではうまく演奏できないように，脳の形成に不備があれば，偉大な精神もなにもおこなうことができない」（同上：33）。そして次のように述べている。「子どもが脳を正しく形成していくためには，感覚的な印象のほかに，創造力が刺激されることが不可欠である」（同上：35）。

（2）彫塑的な力を持つ子どものファンタジー

　シュタイナーによると七歳までに人間の脳形成と神経形成は終了する（シュタイナー，1993：130）。そしてそれらの形成にはイメージの力，ファンタジーの力が必要であるという。そのイメージの力は人間を内的，素材的，彫塑的に組織する力である。ファンタジーの力が，実際に子どもの身体器官，特に脳や神経組織を形成するのである。シュタイナーは次のように言う。「子どもは内的に，自分の身体の構築に関して驚くべき彫塑家である。どんな彫刻家も，子どものように見事に宇宙から形態を作り出すことはできない。子どもは，生まれてから永久歯が生えるまでのあいだに，脳やそのほかの有機体を彫塑的に形成する。子どもは，すばらしい彫塑家である」（同上：166）。

（3）ファンタジーをかきたてる素朴な人形

　子どもの中でわきおこるファンタジーの力が，この時期の子どもの身体形成に大きな影響を及ぼすことがわかった。この子どものファンタジーの力との関連において，幼児に馴染みのある人形についてシュタイナーはおもしろいことを述べている。以下にそのことを紹介したい。

　「子どもは内的ですばらしく活動的な，彫塑的な力を持っており，内的に彫刻家として働く。子どもにハンカチで作った人形を与えると，人体から彫塑的に形成しつつ脳に上昇する力，律動組織，呼吸─血液循環組織から脳を形成する力が，穏やかに脳のなかに入っていく。子どもがハンカチで作られた人形を見ると，それは律動組織から脳組織へと形成された力になる」（同上：175）。

　「今日では，きれいな人形を子どもに与える。きれいな顔をしていて，きれいな頬をし，寝かせると目を閉じ，本物の髪をしている。このような人形を与えると，子どものファンタジーは死んでしまう。このような人形からは，子どもが自分でさらにファンタジーを発展させることができない。また，子どもはこのような人形をあまり喜ばない。ナプキンやハンカチで人形を作り，インクのしみで二つの目と口を付けて，腕を作ると，子どもはたくさん空想する。できるかぎり多くのファンタジー，象徴的活動を発展させるのは，子どもにとって非常によいことである。できるだけ完成されていないものを与えることが大

切である。いわゆるきれいな人形は，ただ形式的にきれいなのである。ほんとうは，このような人形は非芸術的で，醜いものである」（シュタイナー，1993：220-221）。

　このような素朴な人形を子どもに与えると，子どもは自分の想像力で，その人形に欠けているものを空想で補うという。そうするとその子どもは人形を表象するたびに内的に元気になるという。与えるおもちゃをできるかぎり完成されたものではなく，暗示されたものにし，想像に活動の余地を多く残しておくことがよいのである。そうすることで，自ら想像力を発揮することで，その想像する力を使って徐々にこの時期に必要な，自分の身体を確かなものに構築していくのである。ここにもシュタイナー幼児教育方法の独自性を垣間見ることができる。

　以上のように，この時期の子どもの特徴である「模倣」と「ファンタジーの力」について概観した。次章では，このような理論をもとにして，実際のシュタイナー幼稚園ではどのような実践活動につながっているのかみていくことにする。

引用・参考文献

吉良創（2001）『シュタイナー教育おもちゃと遊び』学研。
シュタイナー（1993）『シュタイナー教育小辞典』イザラ書房。
シュタイナー（1994）『シュタイナー教育の実践』イザラ書房。
シュタイナー（1996）『人間理解からの教育』筑摩書房。
髙橋弘子（1995）『日本のシュタイナー幼稚園』水声社。
日本シュタイナー学校協会ウェブサイト「ヴァルドルフ／シュタイナー教育100周年」https://waldorf.jp/activity/waldorf100/（2022年1月24日閲覧）。
日本シュタイナー幼児教育協会ウェブサイト「シュタイナー幼児教育とは」https://jaswece.org/（2022年1月24日閲覧）。
広岡義之（2020）『臨床教育学への招待』あいり出版。
広瀬俊雄（1994）『ウィーンの自由な教育』勁草書房。
広瀬俊雄（2009）『子どもに信頼されていますか？』共同通信社。
文部科学省（2017）『幼稚園教育要領　総則』平成29年3月31日告示，チャイルド社。
ローセングレン（2020）『北欧の森のようちえん　自然が子どもを育む』イザラ書房。

（加藤惣一郎）

シュタイナー幼児教育方法の実践

　この章ではシュタイナー幼児教育の具体的な方法についてみていくことにする。前章で考察した幼児の「模倣」と「ファンタジーの力」に働きかけるように，それぞれの方法が美しく芸術的に構成されている。保育者は子どもたちに対して「感謝」や「畏敬の念」を示し，穏やかで落ち着いた教育環境を作り出している。毎日の流れのなかでリズムが大切にされ，そのリズミカルな繰り返しのなかで，子どものなかの「意志」が健全に育成されるよう，保育者は意識して日々の教育に取り組んでいる。

1　シュタイナー幼稚園での幼児教育方法の取り組み事例

（1）シュタイナー幼稚園の一日

　ここからは，あるシュタイナー幼稚園のおおまかな一日の様子を紹介しよう。

　シュタイナー幼稚園は年齢別のクラスがある場合もあるが，三歳から六歳までに子どもが一つのクラスの異年齢のクラスになることも多い。このモデルとなるのは「良い家庭環境」である。異年齢集団だと大家族のイメージに近くなるという利点がある。年上の子どもが幼い子どものモデルになり，幼い子どもを助ける。年上の子どもは責任感の自覚に目覚めるし，幼い子どもは年上の子どもに対して安心感の気持ちを抱くことができる（ボールドウィン，2000：192）。このことは幼稚園教育要領のうち「人間関係」領域のねらい「他の人々と親しみ，支え合って生活するために，自立心を育て，人と関わる力を養う」に関連している（文部科学省，2017：16）。

① 登園

　子どもたちが幼稚園にやってくる。登園してきた園児は先生が一人ひとりの子どものための目印を絵で描いたコートかけにコートや帽子，かばんをかけ，

部屋に入ってくる。部屋の中では，先生がすでにその日の仕事に取りかかっている。幼児期の子どもの模倣の観点から，毎朝，幼稚園へやってくる子どもたちが，まず「お仕事をしている先生」を目にするということが理想である。子どもが部屋に入ってくると，先生は仕事の手を休め，にっこりと笑って優しく迎える。そして，子どもの目をのぞき込んで朝のあいさつを交わす。先生と子どもと一対一のあいさつの瞬間はとても大切である（髙橋，1995：35）。

② 自由遊び（想像遊び）

　子どもたちはまだ起きたばかりではっきりと目覚めていない状態で，幼稚園にやってくる。このぼんやりと夢見るような状態は子どもにとっては自然で，尊重されるべきものであり，教師も徐々に子どもの意識が目覚めるように配慮して子どもたちを迎える。この時間には子どもたちはまだ外には行かず，部屋の中で思い思いの遊びに集中していく。その中で自然に目覚めていくようにする（同上：37）。

　子どもたちは仕事をする先生の姿から刺激を受けて，それぞれの遊びに入っていく。おままごとの場所では，料理をしたり人形と遊ぶ子どもたちがいる。先生はおやつのために果物を切っていて，子どもが一人その傍に座って手伝っている。夢中になって工具を使っている子どももいる。木でできたすべり台をすべり降りたり，そこからジャンプしたりする子どももいる。別の子どもは子猫の耳をつけて「ミャーオ」と猫になったり，犬になったりと変身ごっこを楽しんでいる。

　このように思い思い自由に遊んでいる子どもたちの傍らには，大人の存在は必要である。幼稚園では先生の活動が子どもたちの遊びの中心になる。考え，感じ，行動している保育者の姿が，子どもたちのよいお手本となる。子どもたちは先生の姿から遊びへの意欲と方向づけをもらうのである。「ああしなさい，こうしなさい」という大人の指示や要求によってではなく，保育者の活動を子どもが主体性を持って自分の意志で自由に模倣し，自分のファンタジーで主体的に遊びを展開していくのが，シュタイナー教育の自由遊びである。

　教師はこの間，安全上の問題が生じたり，自分たちで解決できない対立を解決する時以外は，子どもたちに介入することはない。またこの時間は子どもと

一緒になって遊ぶのでなく，おやつを用意したり，子どものための新しい人形を縫ったりしながら自分の仕事をしている。そういう仕事をしながら，すべての子どもに注意を払うのである。こうすることで，子どもは自分の周囲に創造的な仕事をするということのモデルを直に見ることができるし，それを見て先生の行っていることを遊びに取り入れることもできるのである（ボールドウィン，2000：192-193）。この自由遊びの一連の考え方は，幼稚園教育要領第1章「総則」の第1「幼稚園教育の基本」の1と2（文部科学省，2017：7）に該当している。

③ 遊びのあとの片付け

　先生が静かに立ち上がり，合図の鈴を鳴らすと片付けの時間である。先生は部屋いっぱいに広げられた遊具を自分から片付け始める。そうすると子どもたちも真似をして片付け始める。遊びと片付けは一つである。遊びから片付けが発展するという考え方をしている。例えば，先生は布の片端を子どもにもたせ布をたたむ。すると「クリーニング屋さん」がそれをもっていき，丁寧にシワを伸ばし大きな籠にかけてくれる。木の実や種は，種類別にきれいに分けられ，元の場所におさめられる。動物たちは自分たちの小屋へ戻り，人形たちも遊び疲れて元のゆりかごに眠る。こうした片付けは二十分ほどで終わる。先生は子どもたちが先生の手伝いをすると，必ず心のこもった力強い声で「ありがとう」と言って「感謝の念」を示す。シュタイナー幼稚園では教師がこの感謝の念を幼児の見ている前で言葉と動作・表情によって明確に表現するが，これは道徳教育の重要な方法の一つである（髙橋，1995：43および広瀬，1994：30）。

④ 手遊び

　片付けの済んだ子どもから順に丸く並べた椅子に座り，他の子どもたちが終わるのを待っている。みんなが座ると，先生は簡単な手遊びをする。手遊びはシュタイナー幼稚園での保育でも重要視されている。教師が言葉や歌にあわせて，自分の手や指を動物や植物，種々の事物に見立てる簡単なお芝居のようにすることもある（髙橋，1995：43-44）。

⑤ ライゲンの時間

　「ライゲン」とは物語に合わせてからだとこころで表現する遊びである。み

んなが輪になって一緒に遊ぶリズム遊戯の時間である。先生が模範となって，実に楽しそうにリズムをとりそれに合わせて身体を動かす。注目すべきことはリズミカルに手足を動かしつつ同時にその身体の動きに合わせて言葉を口に出して言うことである。このライゲンは単なる身体の遊戯ではなく，言葉の遊戯でもあり，言葉の「教育」にもつながるものである。子どもたちにとって大切なのは，みんなで丸く手をつなぎ，輪になって動くということである。輪になると先生はどこにいてもすべての子どもと直接のかかわりをもつことができ，子どもたちを優しく包み，心を安定させる働きがある。そこには原初の創造的な安らぎがある。「かごめかごめ」のように古くから子どもの世界に受け継がれているわらべ歌の遊戯には，このライゲンと共通するものがある。このライゲンには主に「四季の自然と人間の生活と仕事」と「メルヘン」という二つのテーマがあり，ライゲンを通して自然とのかかわり，人間や仕事とのかかわりを模倣を通して学ぶ意図もあるのである（同上：119-120）。

　ライゲンの中心はリズムと言葉であるが，このことは幼稚園教育要領第2章「ねらい及び内容」のうち「言葉」領域の内容の取扱い（4）「幼児が生活の中で，言葉の響きやリズム，新しい言葉や表現などに触れ，これらを使う楽しさを味わえるようにすること。その際，絵本や物語に親しんだり，言葉遊びなどをしたりすることを通して，言葉が豊かになるようにすること」（文部科学省，2017：20）に該当している。

⑥ 朝のお祈り

　シュタイナー教育では言葉を大切にしている。幼稚園ではライゲンの後や食事の前にお祈りがある。シュタイナーは幼児は本質的に宗教的であると考えていた。この宗教性とはある特定の宗教という意味ではなく，普遍的な神聖という意味での宗教性である。シュタイナーは幼児教育において，このもって生まれた普遍的な宗教性を満たしてあげることが大切であると考えていた。

　ライゲンが終わると，皆で椅子に腰を下ろし静かな時間をもつようにする。ライゲンの元気な動の動きから静の時に移るのである。その後子どもたち皆が目をつむると，先生は静かに「天使さま」の歌を歌う。

　「お守りください　やさしい天使　いつも　いつも　夜も　昼も　あなたは

私の　そばにいる　お守りください」。

　子どもたちの心が静かに内に向かい，お祈りの手遊び「おてて」で手を閉じてから，お祈りの言葉をとなえる。

　「私の頭も，私の足も神様の姿です。私は心にも，両手にも神様の働きを感じます。私が口を開いて話すとき，私は神様の意志に従います。どんなものの中にも，お母様やお父様，すべての愛する人の中に，動物や，草花や木や石の中にも，神様の姿が見えます。だから怖いものはなにもありません。私のまわりには，愛だけがあるのです」。

　この言葉には，外に向かって存在の扉を開いている幼児にふさわしい気分が込められている。「世界は愛に満ちている」という祈りの言葉を毎日子どもの心に向かってとなえるとき，子どもの心も身体も健やかに育つとシュタイナーは考えていた。このようなお祈りの後に朝のあいさつを全員で行い，一日の活動に入っていく（髙橋，1995：110-113）。

⑦　おやつの時間

　この時間におやつの時間が入る園もある。園児たちはみな円い食卓のまわりに座る。先生の合図で一人の園児が，先生から渡された細く短い金属の棒で，天井からつりおろされた小さな鐘をたたいて鳴らす。鳴らし終わると，その棒を先生に返す。それと同時に園児たちは先生と一緒に両手を合わせて食前の簡単な歌を歌う。そして食前のお祈りをした後にみなで手をつなぎ「いただきます」をする。食器は陶器を使う。ある日のおやつはくるみの実と小さく刻まれたりんごが入ったヨーグルトであった（広瀬，1994：35-36）。

⑧　芸術的な活動

　おやつの時間が終わり，テーブルがきれいに拭かれた後は今日の活動のための準備がなされる。主にこの時間は芸術にかかわる活動に取り組む。それは曜日ごとにある程度決まっていて，例えば月曜日はにじみ絵，火曜日は蜜蠟を使った製作，水曜日はパン焼き，木曜日はクラフト，金曜日はブロッククレヨンを使ったお絵描き等である（ボールドウィン，2000：194）。

⑨　お昼の時間

　食事の時間はとても重要である。健康的な身体を作る基礎になり，子どもた

ちの内面の育成にもつながるのである。幼稚園教育要領第 2 章「ねらい及び内容」の「健康」領域の内容（5）に「先生や友達と食べることを楽しみ、食べ物への興味や関心をもつ」（文部科学省，2017：15）。と書かれており、食事は保育にとって重要な役割をもつ。感情の面からは感謝の気持ちを養うことが大切である。

　幼児期に感謝の気持ちを養うことができれば理想的であるとシュタイナーは述べている。身体の養分となる食物についても、また頭脳労働における知識についても言えることだが、人間は自分をより豊かにするために、外からさまざまなものを自分の中に取り込む。しかし、外から自分の方へやってくるものに感謝し、それを敬うことができなければ、それを本当に自分のものにすることはできない。その意味でも感謝や畏敬の念は、外の世界へのかかわりを作る大切な感情である。こういう考えをもとにシュタイナー幼稚園では、昼の食事の時間を大事にしている。一つの儀式のように美しく厳かに食事をみなでいただく。このときの子どもたちは、食物への感謝と喜びに満たされている。そうやって初めて、幼児は食物の栄養を十分にからだに取り込むことができると考えている。

　大人でさえ嫌なことがあると食事が喉を通らなくなることがある。シュタイナーがいうように全身が感覚器官であるといわれる幼児にとって、食事を感謝の気持ちをもっておいしくいただく環境は非常に大切なのである（髙橋，1995：150-151）。

⑩ 外遊び

　子どもたちは約40分、外で遊ぶ。ぶらんこ、すべり台、シーソーなどで遊ぶ。園庭には砂場や、木の幹や枝でできた大きな馬もある。遊び場は木々で囲まれているところもある。また時々みなで園の外に出て近くの公園や森に散歩にいって自然を味わうこともある。外で十分遊んだ後は、先生は小さな鐘を鳴らしたり、自分のクラスの歌を歌いながら園庭を巡って部屋に戻ることを子どもたちに伝えるのである（ボールドウィン，2000：195-196）。この外遊びは、幼稚園教育要領第 2 章「ねらい及び内容」の「健康」領域のねらい（2）「自分の体を十分に動かし、進んで運動しようとする」と、内容（2）「いろいろな遊

びの中で十分にからだを動かす」，内容（3）「進んで戸外で遊ぶ」に該当する
（文部科学省，2017：15）。

⑪ 部屋でのお話

　幼稚園教育要領の「幼児期の終わりまでに育ってほしい姿」の（9）「言葉
による伝え合い」には次のように書かれている。「先生や友達と心を通わせる
中で，絵本や物語などに親しみながら，豊かな言葉や表現を身に付け，経験し
たことや考えたことなどを言葉で伝えたり，相手の話を注意して聞いたりし，
言葉による伝え合いを楽しむようになる」（同上：9）。これと関連して，シュタ
イナー幼稚園では次のような活動をしている。

　部屋に戻ると先生は簡単な手遊びをして子どもたちの心を集中させてから，
「メルヘン」のお話をする。本を読み上げるのでも，自分の言葉でお話をする
のでもない。先生は本にある通りの物語をしっかりと暗記して，それをそのま
ま落ち着いて語るのである。語る際は先生の個人的な思いができるだけ抑えら
れると，聞き手の子どものファンタジーは自由に羽ばたくことができる。特徴
的な点は毎日お話を替えるのではなく，同じメルヘンが少なくとも3週間繰り
返されることである。子どもたちは飽きることなく毎日熱心に耳を傾ける。こ
の時期の子どもにとっては，毎日同じであることが安心なのである。変化はむ
しろ子どもを不安にさせる。ここには「リズム」的な生活を大切にする考え方
が反映している。

　メルヘンが終わると，子どもたちは輪になって立ち，「おかえりのうた」を
歌ってみんなであいさつをして家へ帰っていく。親が迎えに来る子もいれば，
送迎バスで帰る子もいる（髙橋，1995：63-64）。

2　シュタイナー幼稚園でのさまざまな教育方法・教育活動

　ここまでシュタイナー幼稚園の一日の様子をみてきた。ここからはシュタイ
ナー幼稚園で行われている遊びや芸術活動等の個々の教育方法についてみてい
きたい。

（1）全体に流れるリズムを大切にする

　シュタイナー幼児教育の根底に「リズムを大切にする」考え方がある。これは保育所保育指針第1章総則の1保育所保育に関する基本原則の（3）保育の方法のイ「子どもの生活リズムを大切にし，健康，安全で情緒の安定した生活ができる環境や，自己を十分に発揮できる環境を整えること」（厚生労働省，2017：27）の内容と大きく関連してくる。

　登園，自由遊びと片付け，ライゲン，お手洗い，食事，外遊び，メルヘン，そして降園まで先生は毎日の生活を規則正しいものにしようと努める。一週間にもリズムがある。週に一度のお絵描きや蜜蝋粘土，オイリュトミー（後述）などそれぞれ曜日が決まっている。子どもたちの生活の中で，毎週同じ日の同じ時間に，同じ活動が繰り返し巡ってくる。年間のリズムもある。ひまなつり，端午の節句，七夕，月見，収穫感謝祭，クリスマスなどのお祭りや行事を毎年同じ時期に繰り返すことによって，子どもは一年のリズムを体験する。リズムは「生命と健康」の担い手である。人間も含め，大自然にあるものはすべてリズムと繰り返しの中で生起している。日の出と日の入り，昼と夜，星の運行，春夏秋冬の季節の移ろいなど自然の営みは繰り返している。人間も心臓の鼓動や呼吸も一定のリズムがある。また眠りと目覚めは生活の基本的なリズムである。人間もこの大きな自然の一部であると考えると，その自然のリズムに沿って規則正しい生活をすることは心身の健康につながる。生活のリズムが規則正しいと，幼児の成長も健康的になる。幼稚園の活動も一つひとつ，内と外，集中と拡散，静と動のリズムを意識してつくられている。

　例えば登園後の自由遊びは，室内遊びを行う。いきなり外で遊ばせて無理に目覚めさせることはしない。まずは室内遊びで静かに徐々に目覚めさせていく。最初に「集中」や「静」を経験し，その後に外遊びという「拡散」，「動」を味わうようにする。どんな歌を歌い，手遊びをするのか，その時の子どもの状態が「集中，静，眠り」にあるのか「拡散，目覚め，動」にあるのかしっかりと見極めて保育内容を変えていく。このようにシュタイナー幼稚園ではリズムを主眼において，臨機応変な保育を心がけている（髙橋，1995：95-96）。こうみてくるとシュタイナー幼稚園での活動は，保育所保育指針第1章総則の3保育の

計画及び評価の（2）指導計画の作成のエ「一日の生活のリズムや在園時間が異なる子どもが共に過ごすことを踏まえ，活動と休息，緊張感と解放感等の調和を図るよう」（厚生労働省，2017：30），十分に配慮されていることがわかる。

（2）教室の雰囲気

　幼児教育にとって，幼児の模倣の観点からも子どもの周囲を取り囲む環境はとても大切になる。子どもが穏やかに成長するために，色彩や明るさの調和に少し注意を払うことが健やかな子どもの成長につながる。子どもにとって自分の居場所となる「場」がどのような雰囲気なのかは保育者が意識して設定する必要がある。

　あるシュタイナー幼稚園では部屋の仕切りに淡いピンクのカーテンを引く。ピンクは生命の色ともいわれ，子どもの心のなかに補色である青色を生み出す。そうすることで子どもが内面的に落ち着くと言われる。カーテンを引くことで外と中の仕切りができて，保育室は内面的な空間になり，子どもは守られている感じをもつ。子どもの内面生活を豊かに発達させるためにカーテンで仕切りを作り内と外のバランスをとるようにする（髙橋，1995：67-68）。このことは，保育所保育指針第1章総則の1保育所保育に関する基本原則の（4）保育の環境のイ「子どもの活動が豊かに展開されるよう，保育所の設備や環境を整え，保育所の保健的環境や安全の確保などの努めること」（厚生労働省，2017：27）との関連が見出される。

（3）自由遊び

　シュタイナー幼稚園の一日は「自由遊び」と「グループ保育」の二つから成り立っている。先生が中心となって進める一斉保育がメインで，その間を埋めるために自由遊びが存在するのではない。この二つは車輪の両輪のように双方とも重要なものである。この自由遊びには，①近くで必ず先生が仕事をしていて，保育室に大人の生活があること，②子どもたちのグループが異年齢であることの二つの条件がある。

　自由遊びについては，子どもを自由に放っておき，好きにさせることが子ど

もの主体性を育てることになると考えられがちである。なにも生活のお手本が与えられず，子どもの主体性が大切であるからと遊びの素材だけを与え「さあ，好きに遊びなさい」と放っておかれる場面が見受けられることがあるが，シュタイナー幼児教育では別のように考える。前章でもみたように幼児の特性は「模倣」であり，幼児は主体的に模倣して遊ぶのである。そのため幼児の周囲に必ず大人がいて，その大人が子どものそばで何かしらの仕事をしていると，子どもはそれを感じ，大人の仕事ぶりを模倣しながら安心して遊び始める。仕事をしている保育者のところに子どもから電話がかかったり，レストランから配達が届いたりと，先生を取り込んで遊びを発展させることもある。大人の仕事と子どもの遊びには不思議な関連があり，子どもは先生の保育や，家庭での両親の活動をその子なりにまねして遊ぶ。自由遊びは家庭と先生が行う集合保育の鏡となるのである。

　②の異年齢グループであることが望ましいのは，年長の子どもたちになると，「歯医者さんごっこ」や「消防車ごっこ」など，遊びに目的が出てくるので，年下の子どもが一緒に遊ぶことで，想像力を豊かに発展させることができる。また年長の子どもたちと一緒に遊ぶことで，大きくなることへの喜び，お兄さん，お姉さんへの畏敬の念が育つ。また年長の子どもは，年下の子どもをいたわり見守ることも学ぶ。その意味でもこの異年齢グループで遊ぶことは重要である（髙橋，1995：75-84）。このことは，保育所保育指針第1章総則の3保育の計画及び評価の（2）指導計画の作成のイの（ウ）「異年齢で構成されている組やグループでの保育においては，一人一人の子どもの生活や経験，発達過程などを把握し，適切な援助や環境構成ができるよう」（厚生労働省，2017：30）配慮しているものと思われる。

（4）ファンタジーとメルヘン

　シュタイナーは『メルヘン論』という本の中で，メルヘンは魂の糧である，なぜならメルヘンは，人間の魂の最奥の深みにその源泉をもっているからだ，と言っている。メルヘンを毎日聞いて育った子どもは創造的なファンタジーに満ちている。シュタイナー幼稚園では，子どもたちは先生の声を直に感じなが

ら，お話を聞き，自分でそのイメージを心の中につくっていく。子どものファンタジーには，一本の小枝を剣に，楽器に，あるいは人に変える力がある。2，3週間にわたって同じ話を毎日，繰り返す。それによって子どもたちは物語の世界を毎日想像し，ファンタジーの力を膨らませることができる。この力は遊びの際の想像力にもつながる。物語の残酷な場面も人生の深遠な叡智が込められているので，子どもたちには聞かせるようにする。そこも含めて一つのメルヘンとして物語が完結するように話をするのである（髙橋，1995：114-117）。

（5）芸術的な活動
① にじみ絵

　この時期の子どもに色を経験させる良い方法に，にじみ絵がある。にじみ絵とは水で濡らした画用紙に赤，青，黄の三色の中から1〜3色の透明水彩の絵の具を置いていく絵のことで，水を含んだ画用紙に絵の具がにじんで広がっていく。このにじみ絵を通して子どもは色を直に体験する。濡れた絵の上に絵の具をのせると，まるで生きているかのように色が動き出す。色は感情にもつながり，子どもの感情に影響を与えるものでもあるので，子どもたちが色によって生まれる，色の内的な生命について自然に感じるような経験をさせることも大切なことである（ボールドウィン：2000，132-134）。

② お絵描き

　シュタイナー幼稚園ではお絵描きにブロッククレヨンを使う。ブロッククレヨンは面を使った色の体験ができるように直方体のブロックになっている。ペン型をしたクレヨンを使って線で描くことは，かなり難しい知的な作業として捉えているので，この時期のお絵描きは主に面を使って平らに描くのである。シュタイナー幼稚園で使われているブロッククレヨンは，パラフィンではなく，蜜蠟でできた甘い香りのするものである（堀内，2000：72）。

③ 粘土

　感触を味わうという意味で，砂場のような場所をとても大事にしている。砂や泥には，子どもたちが自分でその素材に向かっていける柔軟性がある。同じように，粘土も子どもたちの自由になる素材である。

　シュタイナー幼稚園では，土粘土，小麦粉粘土，蜜蠟粘土の3種類を使う。小麦粉粘土は単純に小麦粉に水を入れて練ったもので，1，2歳の子どももただこねこねしているだけでも喜ぶ。まだ何か形づくることのできない子どもたちの内部で動いている生命力が，そのまま外に出ていって粘土を形作る。ミツバチの巣から採った蠟を原料にした蜜蠟粘土は，とてもいい甘い香りがする。初めは板状で硬いが，手の熱で次第に柔らかくなっていく。指先と脳の作用をつなげようとする子どもに蜜蠟粘土を与えると，指先がよく動いて，のばしたり，ひっぱったりして自分の想像の世界を作ることができる（堀内，2000：65-67）。このことは，保育所保育指針第2章保育の内容の1乳児保育に関わるねらい及び内容のウ「身近なものと関わり感性が育つ」の（イ）内容の④「玩具や身の回りのものを，つまむ，つかむ，たたく，引っ張るなど，手や指を使って遊ぶ」（厚生労働省，2017：36）の内容に該当する。

④　幼児オイリュトミー

　オイリュトミーとは，芸術的な身体表現運動であり，ギリシャ語で「美しいリズム」，「調和のとれたリズム」を意味する。シュタイナーは次のように言う。「私たちはオイリュトミーをするとき，原初の運動にたちかえるのである」。「教育オイリュトミーは，身体に働く特定の力を引き出すことを主眼としている。それによって，内面を道徳においても，認識においても，感情においても，前進させることができる」。シュタイナーはこのオイリュトミーが子どもの心身の発達を促すうえで非常に有効だと考えていた。

　オイリュトミーでは，言葉における母音や子音，音楽における音階や音程に，それぞれ特定の身体の動きが対応している。シュタイナーによれば，それらの動きは人間のからだの中に働く生命力の動きでもあるという。七歳までの子どもたちの中では，この生命力がフルに働いて，からだを創り上げているとシュタイナーは言う。この生命力は肉体に生命を与え，成長をもたらす。生命力の基盤はリズムである。私たちの呼吸や脈拍，潮の満ち引き，昼と夜，季節の移り変わりにいたるまで，あらゆる生命はリズムの中で展開する。シュタイナー幼稚園ではリズムや繰り返しを大切にしているのはそのためである。オイリュトミーの動きは，リズムを通して働く生命力の動きであり，オイリュトミーに

は，この生命力の基盤としてのリズムが具体的なイメージとして取り込まれている（高橋，1995：124-126）。

このオイリュトミーの内容は，幼稚園教育要領第2章ねらい及び内容のうち「表現」領域の内容（4）「感じたこと，考えたことなどを音や動きなどで表現したり，自由にかいたり，つくったりなどする」，および（8）「自分のイメージを動きや言葉などで表現したり，演じて遊んだりするなどの楽しさを味わう」（文部科学省，2017：21）に該当している。

⑤ 音楽

シュタイナー幼稚園では，自然の中の小さな音を聴くことが音楽教育の出発点になる。子どもに強制的に聴かせるのではなく，まず子どもの周囲に〈静けさ〉を用意してあげるのである。すると子どもたちはその静けさの中で次第に音を発見していく。シュタイナーは幼い子どもの内的な音楽性について次のように語っている。「人間は自分自身のからだを，音楽的リズムと，世界との音楽的な関わりのなかに入れたいという欲求をもって生まれてくる。このような内的な音楽性は，三歳から四歳の子どもの中で最も活動的である」（シュタイナー，1989：16）。

新しい歌を歌うときは最初に先生が静かにキンダー・ハープを弾き，子どもが新しいメロディーに耳を傾け，感情移入できる場を作ることから始める。先生はハープで一度メロディーを弾いてから歌を歌う。子どもたちは少しずつくちずさみ始める。子どもたちに覚えさせる目的で「ここまで歌いましょう」と歌を区切ることは歌全体の世界が細切れになってしまうのでしない。

合奏では，先生が楽器の入った籠を大切にもってきて，子どもたちに手渡す。鉄琴，鈴，トライアングル，木の棒，小さなシンバルなどがある。普段よく歌っている大好きな歌に合わせて，それぞれの子がもっている自由なイメージにしたがって楽器を鳴らす。鳴らすごとに新しい音楽が生まれるのである（としくら，1992：62-63）。

この内容は，幼稚園教育要領第2章「ねらい及び内容」のうち「表現」領域の内容（6）「音楽に親しみ，歌を歌ったり，簡単なリズム楽器を使ったりするなどする楽しさを味わう」（文部科学省，2017：21）に該当している。

　ここまで，シュタイナー幼稚園における具体的な教育方法を紹介してきた。シュタイナー幼児教育では，一人ひとりの個性を大切にし，その子の発達に合わせてさまざまなアプローチをしながら，芸術的に教育していく。最後にルドルフ・シュタイナーが幼児教育において大切にしている考え方を紹介して本章を締めくくることとする。

　「七歳までに多くの愛と喜びを与えると，のちに自由に世界と交流できるようになる」（クレヨンハウス，2009：47）。

引用・参考文献

クレヨンハウス（2009）『シュタイナーの子育て』。

厚生労働省（2017）「保育所保育指針」。

シュタイナー，高橋巖訳（1989）『教育芸術 1 方法論と教授法』筑摩書房。

高橋弘子（1995）『日本のシュタイナー幼稚園』水声社。

としくらえみ（1992）『魂の幼児教育』イザラ書房。

広瀬俊雄（1994）『ウィーンの自由な教育』勁草書房。

堀内節子（2000）『 0 歳から 7 歳までのシュタイナー教育』。

ボールドウィン，合原弘子訳（2000）『親だからできる赤ちゃんからのシュタイナー教育』学陽書房。

文部科学省（2017）「幼稚園教育要領」。

（加藤惣一郎）

索 引 （＊は人名）

執筆者紹介 （執筆順，執筆担当）

広 岡 義 之（ひろおか・よしゆき，神戸親和女子大学／大学院）編著者，第1章，
　　　　　　第12章

大 谷 彰 子（おおたに・あきこ，芦屋大学）第2章第1節

新 家 智 子（しんや・ともこ，共立女子大学）第2章第2節

大 江 ま ゆ 子（おおえ・まゆこ，関西福祉科学大学）第2章第3節，第6章，第8章，
　　　　　　第10章第1節，第11章第2節

西 本　　望（にしもと・のぞむ，武庫川女子大学）第3章

猪 田 裕 子（いのだ・ゆうこ，神戸親和女子大学）編著者，第4章，第5章，第7
　　　　　　章，第9章，第10章第2・3節，第11章第1・3節

加 藤 惣 一 郎（かとう・そういちろう，神戸親和女子大学大学院文学研究科教育学専
　　　　　　攻）補章1，補章2

新しい保育・幼児教育方法［第2版］

2013年3月20日	初 版第1刷発行	〈検印省略〉
2021年3月20日	初 版第7刷発行	
2022年12月30日	第2版第1刷発行	定価はカバーに
		表示しています

編 著 者	広 岡 義 之
	猪 田 裕 子
発 行 者	杉 田 啓 三
印 刷 者	坂 本 喜 杏

発行所 株式会社 ミネルヴァ書房

607-8494 京都市山科区日ノ岡堤谷町1
電話代表 （075）581-5191
振替口座 01020-0-8076

©広岡・猪田ほか，2022 冨山房インターナショナル・藤沢製本

ISBN 978-4-623-09386-1
Printed in Japan

絵で読む教育学入門
────────── 広岡義之著／北村信明絵　Ａ５判　160頁　本体2200円
●イラストがひらく，教養としての教育学。「教える」とは何か，「学ぶ」とはどういうことか，教育の思想や歴史を軸に，教育原理のテキストとして基礎的な内容を概説。

はじめて学ぶ教育の制度と歴史
────────── 広岡義之・津田　徹著　Ａ５判　240頁　本体2400円
●教職志望者必携のテキスト。西洋と日本，古代から現代まで，教育の歴史と制度の変遷が一冊で学べる，教育の本質を学ぶための第一歩。

教職をめざす人のための教育用語・法規［改訂新版］
────────── 広岡義之編　四六判　384頁　本体2200円
●教員採用試験で触れられる範囲の教育学の用語を中心に，約1,100項目を掲載した用語集。

集団っていいな──一人ひとりのみんなが育ち合う社会を創る
────────── 今井和子・島本一男編著　Ｂ５判　196頁　本体2200円
●子どもの参画，主体性，人間関係，社会性，人格形成をキーワードに，一人ひとりの居心地のよい集団創りについて，様々な事例を紹介しながら解説する。現場の保育者や保護者のみなさまに届けたい一冊。

──────── ミネルヴァ書房 ────────
https://www.minervashobo.co.jp/